Anselm Grün

Worte zum Leben

Anselm Grün

Worte zum Leben

Biblische Texte für heute erschlossen

Herausgegeben von Rudolf Walter

HERDER

FREIBURG · BASEL · WIEN

Ein einfach-leben-Buch

MIX
Papier aus verantwortungsvollen Quellen
FSC® C083411
www.fsc.org

www.herder.de

Satz: B. Herrmann, Freiburg
Herstellung: CPI books GmbH, Leck
Printed in Germany
ISBN: 978-3-451-00803-0

Inhalt

Worte, die zum Leben führen

Einleitung

In Gesprächen sagen mir Menschen manchmal, dass sie zwar die Bibel lesen, sich aber schwertun, sie wirklich zu verstehen. In der Eucharistiefeier hören sie die Texte, aber oft wissen sie nichts damit anzufangen. Es braucht also offensichtlich eine andere Weise zu lesen, damit uns die Worte der Bibel im Herzen berühren. Worin könnte ein solcher Zugang bestehen?

Da ist einmal die Methode, die Worte der Bibel so zu hören, als ob ich sie noch nie gehört hätte. Dabei geht es gar nicht darum, etwas zu interpretieren, sondern darum, die Worte einfach ins Herz fallen lassen und zu spüren, was sie mit mir machen.

Die zweite Methode könnte darin bestehen, sich zu fragen: Wie kommt jemand auf die Idee, solche Worte zu schreiben? Welche Erfahrung steckt da möglicherweise dahinter? Welche Erfahrung lösen diese Worte bei mir aus? Gehen sie nur an mir vorbei? Und ich kann mir weiter vorstellen: Wenn das stimmt, wie fühle ich mich dann?

Eine dritte Methode empfiehlt uns der hl. Augustinus. Er meint, wir sollten so lange mit dem Wort Gottes ringen, bis wir es verstehen. Und ein Kriterium, ob wir es verstehen, ist, dass wir unsere eigenen Freunde werden. Wenn ich mein Freund bin, wenn ich freundlich mit mir umgehe, dann ist auch das Wort Gottes mein Freund. Wenn ich mit mir übereinstimme, dann stimme ich auch mit dem Wort Gottes zusammen. Und umgekehrt: Wenn ich das Wort der Schrift verstehe, verstehe ich mich auch selber besser, dann hören alle Selbstanklagen auf, und ich komme in Einklang mit mir selbst.

Die Worte der Bibel wollen Worte des Lebens sein, Worte, die zum Leben führen. Jesus sagt von seinen eigenen Worten, dass, wer sie hört und versteht, „aus dem Tod ins Leben hinübergegangen" ist (Joh 5,24). Er ist aus dem Bereich des Todes, der Leere und der Uneigentlichkeit in den Bereich des wahren Lebens hinübergeschritten, in den Bereich eines Lebens, das einen neuen Geschmack in sich trägt, den Geschmack des Ewigen und Unvergänglichen, den Geschmack von Liebe und Freiheit.

Die Worte der Bibel wollen uns helfen, das eigene Leben gut zu leben, den Alltag aus dem Glauben heraus zu bewältigen. Die Bibel ist aber kein Ratgeberbuch. Ihre erste Aufgabe ist nicht, uns zu sagen, was wir tun und wie wir leben sollen. Vielmehr ist die erste Absicht der Bibel, uns zu sagen, wer wir sind. Wenn wir erkennen, wer wir sind, was unser wahres Selbst ist, dann werden wir auch anders leben. Rudolf Bultmann hat den Übergang zum Leben beschrieben als Übergang aus der Orientierungslosigkeit zur Erhellung des eigenen Daseins. Wenn ich einen Sinn in meinem Leben erkenne, wenn ich spüre, dass es sich lohnt zu leben, dann kann ich auch meinen Alltag anders leben. Dann lasse ich mich nicht zu sehr beeindrucken von den Problemen, die jeden Tag auf mich einstürmen. Ich kann mich ihnen stellen aus dem Wissen heraus, dass in mir eine Qualität des Lebens ist, die von den Problemen nicht berührt wird. Diese innere Freiheit verleiht uns eine innere Souveränität, mit der wir uns auf das einlassen, was täglich von uns gefordert wird.

Aus der Fülle der neutestamentlichen Texte habe ich nur einige ausgesucht, die mir wichtig erschienen für die Erhellung und die Bewältigung unseres Lebens. Ich habe sie fünf Themen zugeordnet. Diese Auswahl könnte man ein biblisch inspiriertes Itinerarium für christliches Leben heute nennen: ein orientierendes Begleitbuch auf unserem Weg. Es sind Stellen, die auf das Zentrum des christlichen Glaubens verweisen. Natürlich gäbe es noch viele andere Texte, die ich meditieren könnte und die für unser Leben wichtig sind. Es bleibt eben eine subjektive Auswahl. Aber ich hoffe, dass die vorgestellten Texte einerseits wesentliche Inhalte der neutestamentlichen Botschaft klarmachen, andererseits aber auch wirkliche Sehnsüchte Ihrer Seele ansprechen.

Die Auswahl berücksichtigt nur neutestamentliche Stellen, und zwar Texte aus den vier Evangelien und der Apostelgeschichte einerseits aus der neutestamentlichen Briefliteratur andererseits. Beide unterscheiden sich. Die Briefe haben eine ganz andere Sprache als die Evangelien. Die Evangelien – vor allem die ersten drei, die synoptischen Evangelien – erzählen uns Geschichten. Aber wir hören in ihnen auch Gleichnisse Jesu und Worte, die er zu den Menschen spricht.

Die Evangelientexte sind vielen bekannt. Trotzdem ist es hilfreich, auch diese Texte auf unser konkretes Leben hin auszulegen. Denn allzu leicht geht gerade das an uns vorüber, was wir schon oft gehört haben, weil wir meinen, wir würden das schon kennen, es habe uns also nichts wirklich Neues zu sagen. Doch bei der Auslegung der Evangelientexte kommt es immer darauf an, sie auf unser Leben hin zu deuten, auf die ureigene Situation hin, in der wir uns gerade befinden. Die entscheidende Frage dabei ist: Kann ich hier und jetzt von diesen Worten Jesu her leben? Und: Inwieweit sind sie eine Hilfe für mein Leben, meinen Alltag? Wenn es erzählende Texte sind, dann ist es wichtig, sie bildhaft auszulegen. Dann werden wir uns selbst in den Erzählungen wiederfinden.

Die Texte der Briefliteratur haben einen mehr theologischen Charakter. Dabei erkennen wir, wie die verschiedenen Autoren die Botschaft Jesu jeweils in eine andere Situation hinein verkündet haben. Sie haben über die Bedeutung Jesu für unseren Glauben und für unser Leben immer auch im Blick auf ihre konkreten Adressaten nachgedacht. Manchen kommen diese Texte aus den Briefen fremd vor. Umso wichtiger ist es, diese Texte auf die dahinterliegende Erfahrung hin zu befragen und sie dann so zu deuten, dass sie eine Hilfe sind, uns selbst und Gott besser zu verstehen. Dann zeigen sie uns Wege, wie wir als Christen auch in unserer Zeit gut und sinnerfüllt leben können. Beim Bedenken dieser Texte ist es also hilfreich, sich in die konkrete Situation der damaligen Adressaten hineinzuversetzen – und sich aber dann auch zu fragen, was diese Texte *uns* zu sagen haben.

Auch heute gibt es ja verschiedene „Milieus“, wie sie etwa die sogenannten Sinus-Studien für unsere eigene Gesellschaft aufzeigen, wenn sie miteinander vergleichbare und voneinander unterscheidbare Lebenseinstellungen und Lebensweisen, Wertorientierungen und soziale Befindlichkeiten kenntlich machen. So wäre es eine interessante Aufgabe, die verschiedenen Milieus, an die sich die neutestamentlichen Autoren richten, mit den Milieus zu vergleichen oder in Beziehung zu setzen, wie sie die moderne Gesellschaft prägen. Es braucht jedenfalls eine Übersetzung in die heutigen Lebenssituationen hinein.

Die Auslegung, die ich für die einzelnen Texte gebe, ist meine subjektive Auslegung. Ich habe natürlich exegetische Kommentare zu den Stellen gelesen. Aber jede Auslegung ist letztlich eine subjektive. Denn es geht ja darum, was der Text mir ganz persönlich sagt. Sie, lieber Leser, liebe Leserin, müssen meine Auslegung selbstverständlich nicht als die einzig mögliche nehmen. Meine Auslegungen sollen vielmehr eine Herausforderung an Sie sein, sich diese Texte selber anzuschauen und sich zu fragen: Wie würde *ich* den Text auslegen? Wie verstehe *ich* diese Aussage? Aber fragen Sie auch: Inwieweit ist die Auslegung in diesem Buch hilfreich für *mich*? Wo geht sie vielleicht auch an mir und meiner Lebenssituation vorbei? Dann wäre es Ihre Aufgabe, so lange mit den Texten in einen Dialog zu gehen, bis die Texte Ihnen etwas zu sagen haben, bis Sie in den Texten Worte des Lebens erkennen, Worte, die ins Leben führen, in ein sinnerfülltes, gutes Leben. Oder, wie Jesus es ausdrücken würde: in das ewige Leben, in ein Leben, das hier schon den Geschmack des Ewigen, des Göttlichen, des Himmlischen atmet.

So wünsche ich also, dass meine Auslegungen Ihnen helfen, die Bibeltexte so zu verstehen, dass Sie sich ganz persönlich angesprochen fühlen. Und ich wünsche Ihnen, dass Sie den Dialog mit den Texten so lange führen, bis jeder Text Sie in die Tiefe Ihrer eigenen Seele führt und Sie Ihr Leben in einem neuen Licht sehen können.

Gott suchen – Ziel unseres Daseins

Der hl. Benedikt versteht den Mönch als einen, der sein Leben lang Gott sucht. Die Suche nach Gott gehört wesentlich zum Menschen. Denn wir spüren, dass wir an uns selbst nicht genug haben. Es gibt immer etwas, das über uns hinausreicht und das größer ist als wir selbst. Und so sind wir unser Leben lang auf der Suche. Es ist letztlich die Suche nach Gott. Aber die Bibel sagt uns auch, dass wir nicht nur Gott suchen, sondern auch uns selbst. Denn wir haben oft genug uns selbst verloren. Wir haben uns aus den Augen verloren. Wir sind nicht in Beziehung zu uns selbst.

Gott zu suchen, bedeutet daher immer auch, sich selbst zu suchen, seine eigene Ganzheit anzustreben. Wenn wir Gott aus dem Weg gehen, dann verlieren wir auch uns selbst. Jesus selbst sagt von sich, dass er gekommen ist, „um zu suchen und zu retten, was verloren ist" (Lk 19,10). Das griechische Wort sozein = retten, erlösen, heilen *kann auch bedeuten: bewahren. Jesus ist gekommen, um die zu suchen, die sich selbst verloren haben, und ihnen zu helfen, ihr wahres Selbst zu bewahren. Jesus beschreibt den Zustand vieler Menschen mit dem Bild der Verlorenheit. Sie haben die Orientierung verloren. Sie haben einen Sinn in ihrem Leben verloren. Sie haben sich selbst verloren. So sind nicht nur wir auf der Suche nach Gott, sondern Gott macht sich in Jesus auf die Suche nach uns. Wir sollen uns von Gott finden lassen. Und wir sollen die Hoffnung nicht aufgeben, dass wir ihn finden. Allerdings: In seinem wahren Glanz werden wir ihn erst finden, wenn wir ihn im Tod von Angesicht zu Angesicht schauen.*

Was suchst Du?

Am Tag darauf stand Johannes wieder da mit zwei von seinen Jüngern, und er richtete seinen Blick auf Jesus, als er vorüberging, und sagte: „Seht das Lamm Gottes!" Die beiden Jünger hörten sein Wort und folgten Jesus. Jesus aber wandte sich um, sah sie ihm folgen und fragte sie: „Was sucht ihr?" Sie aber sagten zu ihm: „Rabbi (das heißt übersetzt: Lehrer), wo wohnst du?" Er antwortete ihnen? „Kommt, und ihr werdet sehen." Sie gingen nun mit und sahen, wo er wohnte, und blieben jenen Tag bei ihm. Es war um die zehnte Stunde. (Joh 1,35–39; Übersetzung: Rudolf Schnackenburg)

Die Frage an uns: Was suche ich wirklich?

Die beiden wichtigsten Wörter in diesem Text sind: schauen und suchen. Dabei verwendet der griechische Text vier verschiedene Worte für „sehen". Johannes sieht Jesus eindringlich an (*emblepo*). Jesus schaut die beiden Jünger so an, dass er ihr Wesen erkennt (*theoreo*). Und er lädt die Jünger ein, einfach zu sehen, wo und wie er lebt. Im Schauen werden sie erkennen, was seine Botschaft für sie ist. Als Jesus die Jünger so anschaut, dass er ihre Seele berührt, fragt er sie: „Was sucht ihr?" Das deutsche Wort „Frage" hat die gleiche Wurzel wie „Furche". Jesus gräbt also mit seiner Frage eine Furche in den Acker der Menschen. Es ist eine Frage, die uns allen gilt: Was suche ich wirklich? Suche meint letztlich eine spirituelle Suche. Wir Menschen sind alle Wahrheitssucher. Und im Letzten suchen wir Gott, der allein unsere tiefste Sehnsucht zu stillen vermag.

„Kommt, und ihr werdet sehen“

Die Jünger antworten auf die Frage Jesu mit der Frage: „Wo wohnst du?“ Sie wollen offensichtlich genau hinschauen, wo und wie dieser Jesus lebt. Jesus bestätigt ihre Suche, indem er ihnen sagt: „Kommt, und ihr werdet sehen.“ Ihr werdet selbst eine Erfahrung machen. Wir suchen Gott nicht, wenn wir nicht schon eine anfängliche Erfahrung von ihm gemacht haben. Aber wir wollen mehr sehen, wir wollen noch mehr erfahren, wer Gott ist. Die Jünger folgen Jesus nach und sie bleiben den ganzen Tag bei ihm. Sie suchen seine Nähe, um zu erfahren, was dieser Mensch ihnen zu sagen hat. Johannes bemerkt: „Es war um die zehnte Stunde.“ Die Zahlen im Johannesevangelium sind immer voller Symbolik. Die Zehn steht für die Ganzheit. Indem die Jünger Jesus suchen und durch das Bleiben bei ihm in ihm die Wahrheit Gottes suchen, finden sie zu ihrer Ganzheit. Die Suche nach Gott ist letztlich immer auch die Suche nach meinem wahren Selbst, die Suche danach, ein ganzer Mensch zu werden, so zu werden, wie es meinem Wesen entspricht.

Unsere Suche hört nie auf

Wenn der hl. Benedikt den Mönch als einen versteht, der sein Leben lang Gott sucht, dann meint er auch: Unsere Suche hört nie auf, bis wir im Tod Gott wirklich finden. Oft meinen wir, wir würden wirklich Gott suchen. Doch wir sollen uns von Jesus immer wieder fragen lassen: „Was suchst du wirklich?“ Dann werden wir erkennen, dass unsere Suche nicht immer auf Gott gerichtet ist. Wir suchen Ruhe, Frieden, Gelassenheit, Vertrauen. Und wir verbinden diese Werte mit Gott. Aber wir dürfen nicht bei den Gaben Gottes stehen bleiben. Es geht darum, Gott selbst zu suchen. Und das hört nie auf. Nur indem wir Suchende bleiben, werden wir ganz Mensch, nur so entsprechen wir unserem wahren Wesen.

Auf die Liebe kommt es an

(Jesus sagte zu Simon, dem Pharisäer, der ihn zum Essen eingeladen hatte:)
Ein Geldverleiher hatte zwei Schuldner; der eine war ihm fünfhundert Denare schuldig, der andere fünfzig. Als sie ihre Schulden nicht bezahlen konnten, erließ er sie beiden. Wer von ihnen wird ihn nun mehr lieben? Simon antwortete: Ich nehme an, der, dem er mehr erlassen hat. Jesus sagte zu ihm: Du hast recht. Dann wandte er sich der Frau zu und sagte zu Simon: Siehst du diese Frau? Als ich in dein Haus kam, hast du mir kein Wasser zum Waschen der Füße gegeben; sie aber hat ihre Tränen über meinen Füßen vergossen und sie mit ihrem Haar abgetrocknet. Du hast mir keinen Kuss gegeben; sie aber hat mir, seit ich hier bin, unaufhörlich die Füße geküsst. Du hast mir nicht das Haar mit Öl gesalbt; sie aber hat mir mit ihrem wohlriechenden Öl die Füße gesalbt. Deshalb sage ich dir: Ihr sind ihre vielen Sünden vergeben, weil sie so viel Liebe gezeigt hat. Wem aber nur wenig vergeben wird, der zeigt auch nur wenig Liebe. Dann sagte er zu ihr: Deine Sünden sind dir vergeben. Da dachten die anderen Gäste: Wer ist das, dass er sogar Sünden vergibt? Er aber sagte zu der Frau: Dein Glaube hat dir geholfen. Geh in Frieden! (Lk 7,41–50)

Warum eine Sünderin zum Vorbild wird

Jesus stellt hier die Frau, die für die Pharisäer nur eine stadtbekannte Sünderin ist, als Vorbild für die Liebe hin. Im Anschluss an sein Gleichnis von zwei verschiedenen Schuldnern lässt er den Pharisäer selbst die richtige Antwort geben: Der Schuldner, dem mehr vergeben wurde, wird den Geldverleiher mehr lieben als der, dem weniger vergeben wurde.

Dann zeigt Jesus auf, wie viel die Frau geliebt hat: dass sie ihm unablässig die Füße geküsst hat. Das ist für Jesus ein Zeichen dafür, dass ihr viele Sünden vergeben worden sind. Aber dann sagt Jesus zu der Frau: „Deine Sünden sind dir vergeben." Darüber regen sich die Pharisäer auf. Für sie kann nur Gott allein die Sünden vergeben.

Wie werde ich fähig zur Liebe?

Die Frage, die sich viele Exegeten stellen, ist: Bewirkt die Vergebung, dass ich fähig werde zur Liebe? Oder ist meine Liebe die Ursache dafür, dass Gott mir vergibt? Oder ist meine Liebe, die ich praktiziere, nur der Erkenntnisgrund, dass ich an meiner Liebe erkenne, dass mir die Sünden vergeben worden sind? Das ist eine typisch rationale Frage, die dem Text nicht gerecht wird. Denn Lukas hat eine dichterische Sprache. Und seine Sprache ist immer offen. Sie ist also offen für alle drei Lösungen. Und sie will sich nicht festlegen auf eine Lösung. Die Vergebung macht uns fähig zur Liebe. Aber wenn wir lieben, dürfen wir auch vertrauen, dass Gott uns vergibt. Dann wird unsere Liebe zum Grund für die Vergebung.

Entscheidend: Die Sünden sind schon vergeben

Entscheidend ist, dass wir den Zusammenhang von Liebe und Vergebung sehen. Die Pharisäer sehen in der Frau nur ihre Sünden und verurteilen sie daher als Sünderin, die eigentlich bei diesem Mahl mit Jesus keinen Platz haben dürfte. Jesus sieht ihre Liebe. Und er erkennt in ihrer Liebe, dass sie von Gott her schon Vergebung erfahren hat. Und er bestätigt ihr die Vergebung ihrer Sünden. Er sagt nicht: „Deine Sünden werden dir vergeben", sondern: „Sie sind schon vergeben. Deine Liebe zeigt mir, dass du dich schon von Gott ganz und gar angenommen fühlst. Daher bist du fähig zu dieser großen Liebe. Lebe also im Vertrauen, dass dir deine Sünden vergeben sind. Mach dir keine Selbstvorwürfe, sondern liebe weiter so."

Die Geschichte von der Sünderin will uns ermutigen, der Liebe zu trauen. Wir sollen nicht grübeln, ob wir jetzt Sünder sind oder nicht. Wir dürfen vertrauen, dass wir ganz und gar von Gott angenommen sind. Daher sollen wir uns trauen, zu lieben. Ich kenne Menschen, die das Gefühl haben, sie seien es nicht wert, andere zu lieben. Sie meinen, sie seien so schlecht, dass sie gar nicht würdig seien, andere Menschen zu lieben. Oder aber sie denken, dass ihre Liebe vielleicht nicht rein sein könnte. Jesus will uns von solchen Überlegungen und Hemmungen befreien. Seine Botschaft ist: Trau dich, zu lieben. Denn du bist selbst bedingungslos von Gott geliebt.

Gott sucht uns

An jenem Tag werdet ihr erkennen: Ich bin in meinem Vater, ihr seid in mir, und ich bin in euch. Wer meine Gebote hat und sie hält, der ist es, der mich liebt; wer mich aber liebt, wird von meinem Vater geliebt werden, und auch ich werde ihn lieben und mich ihm offenbaren. Judas – nicht der Judas Iskariot – fragte ihn: Herr, warum willst du dich nur uns offenbaren und nicht der Welt? Jesus antwortete ihm: Wenn jemand mich liebt, wird er an meinem Wort festhalten; mein Vater wird ihn lieben, und wir werden zu ihm kommen und bei ihm wohnen. (Joh 14,20–23)

Liebe: ein dreifaches Miteinander

Jesus spricht hier von einer innigen Beziehung zwischen Jesus und seinem Vater, zwischen Jesus und seinen Jüngern. „An jenem Tag" werden das die Jünger erkennen. Dieser Tag kann sich auf die Erscheinungen des Auferstandenen beziehen, die die Jünger erfahren werden. Es kann aber auch der Tag der endgültigen Wiederkehr Jesu am Ende der Welt sein. Das Ende der Welt ist aber für jeden Menschen der Tod. Dann bedeutet es, dass wir im Tod ganz klar erkennen werden, dass Jesus im Vater ist und wir in Jesus sind und Jesus in uns ist. Das ist aber eine Erkenntnis, die sich schon auf unser Sein hier und jetzt bezieht. Hier und jetzt sind wir schon in Jesus, und Jesus ist in uns. Die Bedingung für diese Erfahrung ist, dass wir die Gebote Jesu erfüllen. Mit „Gebot" meint Johannes immer das Gebot der Liebe. Unsere Liebe zu Jesus zeigen wir darin, dass wir seine Gebote oder, wie er später sagt, sein Wort halten und im Leben zum Ausdruck bringen.

Dann werden wir auch erfahren, dass der Vater uns liebt und dass Jesus uns liebt. Es ist also ein dreifaches Miteinander der Liebe, genauso wie es ein dreifaches Innesein ist: Wir lieben Jesus, der Vater liebt uns, und Jesus liebt uns. Jesus ist in seinem Vater, wir sind in Jesus, und Jesus ist in uns.

In jedem von uns wohnt Gott

Judas ist mit der Erklärung Jesu nicht ganz zufrieden. Er hat den Eindruck, dass Jesus sich nur den Jüngern offenbaren will und nicht der ganzen Welt, wie es die Juden vom Messias erwartet haben. Jesus antwortet nicht genau auf die Frage des Judas, aber er führt seinen Gedanken des Inneseins weiter, jetzt mit dem Bild der Wohnung. Wir – der Vater und Jesus – werden zu dem kommen, der Jesus liebt und an seinem Wort festhält, „und bei ihm wohnen". Im Griechischen heißt es: Wir werden „Wohnung bei ihm nehmen" oder „Wohnung bei ihm schaffen" (*poiein* = machen, schaffen, gestalten). Jesus greift hier das Wort von der Wohnung wieder auf, von der er Joh 14,2 gesprochen hat. Dort spricht Jesus davon, dass er in seinem Tod zum Vater geht und uns eine Wohnung bereitet, in die wir dann nach unserem Tod einziehen werden. Doch hier sagt er: Schon in diesem Leben nehmen der Vater und der Sohn bei uns oder in uns Wohnung. Jesus spricht von einem geistigen Innewohnen. Es ist Ausdruck der innigsten Gemeinschaft zwischen Gott und dem Menschen. Mit diesem Bild übertrifft Jesus die prophetischen Verheißungen, dass Gott unter seinem Volk wohnen wird. Gott wohnt in jedem Einzelnen von uns. Und er wohnt als Vater und Sohn, als Liebe, die in sich schon Beziehung ist und uns in diese innige Beziehung der Liebe hineinnimmt.

Das macht unsere Würde aus

Wenn wir dieser Zusage trauen, dann fühlen wir uns anders. Wir spüren dann, dass in uns ein heiliger Raum ist, in dem Gott selbst wohnt. Wir wissen, dass wir selbst nicht perfekt sind. Wir sind und bleiben Menschen mit unseren Fehlern und Schwächen. Aber trotzdem wagt es Gott, bei uns und in uns zu wohnen. Das macht unsere Würde aus. Zu diesem inneren Raum der Wohnung Gottes in uns haben die Menschen mit ihren kritischen und verletzenden Worten keinen Zutritt. Da dürfen wir in Gott Heil und Erlösung, Befreiung und den Schutz für unser wahres Selbst erfahren.

Das Verlorene suchen

Wenn eine Frau zehn Drachmen hat und eine davon verliert, zündet sie dann nicht eine Lampe an, fegt das ganze Haus und sucht unermüdlich, bis sie das Geldstück findet? Und wenn sie es gefunden hat, ruft sie ihre Freundinnen und Nachbarinnen zusammen und sagt: Freut euch mit mir; ich habe die Drachme wiedergefunden, die ich verloren hatte. (Lk 15,8f)

Verlust der Mitte und Fest der Ganzwerdung

Die Zahl „Zehn" steht für die Ganzheit eines Menschen. Wenn die Frau eine Drachme verloren hat, so sagt das Bild, hat sie ihre Mitte verloren. Sie ist nicht mehr ganz. Die eine Drachme – so sagen schon die Kirchenväter – steht für das Bild Christi in mir. Sie steht für das wahre Selbst. Wenn ich mein Selbst verloren habe, dann helfen mir die neun Drachmen auch nicht. Sie sind nicht mehr verbunden durch die Mitte. So habe ich das Gefühl, dass ich mich selbst verloren habe, dass ich innerlich auseinanderfalle.

Daher sucht sie im ganzen Haus nach der verlorenen Drachme. Zuerst aber zündet sie eine Lampe an. Die Lampe steht für die eigene Vernunft. Es braucht das Licht des Verstandes, um das Dunkel des Unbewussten zu erhellen und darin die verlorene Ganzheit zu suchen. Das Licht könnte aber auch das Licht des Glaubens sein, das mir hilft, in mir das wahre Selbst zu entdecken. Die Frau fegt das ganze Haus aus. Gregor von Nyssa deutet das so: Wenn wir unachtsam leben, dann legt sich eine Staubschicht auf unsere Seele. Die müssen wir auskehren, um den wahren

Glanz der Seele wieder zum Strahlen zu bringen. Als die Frau sorgfältig in ihrem Haus sucht, findet sie die verlorene Drachme und feiert mit ihren Freundinnen ein Fest der Ganzwerdung. Wer seine Mitte gefunden hat, findet auch wieder zur Gemeinschaft mit den Menschen um ihn herum.

Wenn wir uns selbst finden

In einem Segensgottesdienst habe ich die Menschen einmal eingeladen, mit einer Kerze in der Hand durch die dunkle Kirche zu gehen und sich vorzustellen: Ich suche meine verlorene Mitte. Ich suche mein verlorenes Selbst. Ich suche meine verlorenen Ideale, meine verlorene Begeisterung, meine verlorene Kraft, meine verlorene Liebe. Jeder von uns verliert im Laufe seines Lebens etwas. Daher ist es gut, uns immer wieder auf die Suche zu machen nach unserem wahren Selbst. Der Mensch ist nicht nur ein Gottsucher. Er ist auch auf der Suche nach sich selbst und nach all dem, was er durch Unachtsamkeit – so deutet es Gregor von Nyssa – im Laufe seines Lebens verliert. Wenn wir uns selbst finden, finden wir auch einen neuen Zugang zu den Menschen um uns herum. Das gilt es zu feiern.

Unsere Lebensaufgabe

Gott hat aus einem einzigen Menschen (wörtlich: aus dem EINEN) das ganze Menschengeschlecht erschaffen, damit es die ganze Erde bewohne. Er hat für sie bestimmte Zeiten und die Grenzen ihrer Wohnsitze festgesetzt. Sie sollten Gott suchen, ob sie ihn ertasten und finden könnten; denn keinem von uns ist er fern. Denn in ihm leben wir, bewegen wir uns und sind wir, wie auch einige von euren Dichtern gesagt haben: Wir sind von seiner Art. Da wir also von Gottes Art sind, dürfen wir nicht meinen, das Göttliche sei wie ein goldenes oder silbernes oder steinernes Gebilde menschlicher Kunst und Erfindung. Gott, der über die Zeiten der Unwissenheit hinweggesehen hat, lässt jetzt den Menschen verkünden, dass überall alle umkehren sollen. Denn er hat einen Tag festgesetzt, an dem er den Erdkreis in Gerechtigkeit richten wird, durch einen Mann, den er dazu bestimmt und vor allen Menschen dadurch ausgewiesen hat, dass er ihn von den Toten auferweckte. (Apg 17,26–31)

In der Schöpfung berühren wir den Schöpfer

Der hier zitierte letzte Abschnitt der Areopagrede des hl. Paulus ist für mich ein wunderbares Beispiel, wie Lukas das Evangelium im Dialog mit der griechischen Philosophie verkündet. Und es ist auch für uns heute eine Herausforderung: die christliche Botschaft so zu verkünden, dass wir alle nichtchristlichen philosophischen, psychologischen und naturwissenschaftlichen Gedanken in den christlichen Glauben hinein integrieren. Da ist einmal die griechische Philosophie des Einen. Das Eine liegt allem zugrunde. Gott hat aus dem Einen alles geschaffen, den Kosmos, die Pflanzen, die Tiere und die Menschen. Im Grunde sind wir alle eins miteinander, weil wir aus dem EINEN Grund geschaffen sind. Und dieser eine Grund verbindet uns mit der ganzen Schöpfung. In der Schöpfung berühren wir den Schöpfer. In der schönen Blume ertasten wir das Geheimnis der Liebe Gottes, die alles durchdringt, die als die EINE Liebe Menschen und Kosmos erfüllt. Auch der Satz, dass wir uns in Gott, in dem EINEN, bewegen, in dem EINEN leben und sind, könnte so der stoischen Philosophie entstammen. Doch Lukas deutet diesen Satz auf den personalen Gott hin, der der eine und einzige Gott ist und die ganze Welt mit seiner Liebe erfüllt.

Was Auferstehung heißt

Doch bei aller Anknüpfung an die griechische Philosophie verkündet Paulus dann das, was die Christen unterscheidet von denen, die in der Philosophie die Erkenntnis suchen: Es ist die Auferstehung Jesu Christi. Interessant ist, wie Lukas hier das Wirken Jesu und seine Auferstehung deutet. In Jesus lässt uns Gott verkünden, dass wir umkehren, dass wir umdenken sollen. Denn Gott wird den Erdkreis in Gerechtigkeit richten. Die Auferstehung Jesu ist gleichsam das vorweggenommene Gericht. Der, den die Römer per Gericht verurteilt haben, er ist von Gott auferweckt worden. Und diese Auferweckung bestätigt nun Jesus als den Richter über alle Menschen. Gericht ist hier aber nicht Verurteilung. Denn Auferstehung heißt ja gerade, dass Gottes alles Unrechte zurechtrückt, dass er uns, die wir uns verirrt hatten, wieder ausrichtet auf Gott hin. Und dieses Gericht zeigt, dass die, die nach außen hin die Macht hatten, Jesus zu kreuzigen, in

Wirklichkeit machtlos sind. Die Auferstehung Jesu rückt alles ins richtige Licht: Der, der an Gottes Verheißung festhält, bekommt zuletzt Recht, auch wenn er nach außen hin den Mächtigen dieser Welt unterliegt.

Wir finden Gott nicht nur im Geist

Den Menschen, die Gott alle aus dem EINEN geschaffen hat, gab Gott den Auftrag, sie sollten ihn suchen, ob sie ihn ertasten und finden könnten. Die Aufgabe des Menschen ist es, Gott zu suchen. Das gibt seinem Leben erst Sinn. Interessant ist jedoch hier das Wort „ertasten" = *pselaphao.* Philon verwendet dieses Wort im geistigen Sinn von „erfassen". Im Deutschen sagen wir ja auch: Ich „begreife" etwas. Das kommt von „greifen", von „in die Hand nehmen". Dieser Ausdruck war in der stoischen Philosophie beliebt. Lukas übernimmt hier das Vokabular der stoischen Philosophie. Er meint, dass wir Gott nicht nur im Geist finden können, sondern auch in der Schöpfung, deren Schönheit wir schauen und wahrnehmen mit all unseren Sinnen.

Keinem von uns ist er fern

Wenn wir in Berührung kommen mit der Schöpfung, berühren wir darin auch den Schöpfer. Eine wichtige Aussage über Gott ist daher: „Keinem von uns ist er fern. Denn in ihm leben wir, bewegen wir uns und sind wir." Auch hier greift Lukas Aussagen der stoischen Philosophie auf. Seneca sagt, dass Gott uns nahe ist, dass er mit uns und in uns ist. Lukas verdeutlicht das mit der Aussage, dass wir in Gott sind. Wir können gar nicht aus Gott hinausfallen. Wir sind immer von seiner Gegenwart umhüllt. So ist unser ganzes Leben ein Leben in Gott und mit Gott.

Was Paulus den Athenern sagt, das ist für Lukas auch eine Herausforderung an uns: Es bedeutet für uns eine neue Beziehung zur Schöpfung. Es genügt nicht, nur rationale Gründe zu suchen, um die Schöpfung zu schonen und die Welt vor einem Klimawandel zu bewahren. Es braucht die spirituelle Erfahrung, dass wir in der Schöpfung immer und überall auch Gott selbst, den Schöpfer, berühren. Wenn wir durch eine schöne Landschaft wandern, wandern wir in der Gegenwart Gottes, die uns in allen Bäumen und Sträuchern, in den Wiesen und Feldern mit seiner Schönheit umgibt. Wenn wir das bewusst wahrnehmen, gehen wir von alleine achtsam um mit der Natur. Denn in ihr bewegen wir uns immer schon in Gottes Liebe, die uns in der Natur entgegenströmt.

Zeugnis von Gottes Weisheit

„Als ich zu euch kam, Brüder, kam ich nicht, um glänzende Reden oder gelehrte Weisheit vorzutragen, sondern um euch das Zeugnis Gottes zu verkündigen. Denn ich hatte mich entschlossen, bei euch nichts zu wissen außer Jesus Christus, und zwar als den Gekreuzigten. Zudem kam ich in Schwäche und in Furcht, zitternd und bebend zu euch. Meine Botschaft und Verkündigung war nicht Überredung durch gewandte und kluge Worte, sondern war mit dem Erweis von Geist und Kraft verbunden, damit sich euer Glaube nicht auf Menschenweisheit stützte, sondern auf die Kraft Gottes. Und doch verkündigen wir Weisheit unter den Vollkommenen, aber nicht Weisheit dieser Welt oder der Machthaber dieser Welt, die einst entmachtet werden. Vielmehr verkündigen wir das Geheimnis der verborgenen Weisheit Gottes, die Gott vor allen Zeiten vorausbestimmt hat zu unserer Verherrlichung." (1 Kor 2,1–7)

Sich öffnen – im Schweigen und Staunen

Die Korinther, an die Paulus schreibt, waren von vielen religiösen Strömungen beeinflusst: von der hellenistischen Esoterik, von Mysterienkulten, in denen man auf geheimnisvolle Weise in das Schicksal einer Gottheit eingeweiht wurde. Paulus setzt sich auf der einen Seite von der religiösen Verkündigung ab, wie sie damals üblich war. Auf der anderen Seite aber verkündet er eine vollkommene Weisheit, die all die Sehnsüchte aufgreift, die damals religiös thematisiert wurden. Er glänzt dabei nicht durch schöne äußere Reden. Im Gegenteil: Er tritt zitternd und bebend auf. Das mag die Krankheit sein, unter der Paulus gelitten hat. Was diese

Krankheit war, können wir nicht mehr sagen. Im 2. Korintherbrief schreibt er davon, dass er Gott gebeten habe, ihn von dieser Krankheit zu befreien. Doch Gott antwortet ihm, dass seine Gnade genüge. Diese äußere Schwäche soll zeigen, dass es in der Predigt um etwas anderes geht: um den Erweis von Gottes Kraft. Das ist durchaus auch für uns eine frohe Botschaft. Wenn wir das Wort Gottes verkünden, schneiden wir oft schlechter ab als die, die Rhetorikkurse absolviert und gelernt haben, wie man die Menschen faszinieren kann. Aber das soll sichtbar werden: dass Gott selbst unsere Worte benutzt, um die Herzen der Menschen zu berühren. Es sind andere Worte als die der Weisen dieser Welt. Da kann man nicht laut Beifall klatschen. Da wird man in seinem Innersten berührt und antwortet eher mit Schweigen und Staunen – und indem man sich diesen Worten öffnet.

Wenn eine Sehnsucht sich erfüllt

Nachdem Paulus sich abgesetzt hat von der Weisheit der Korinther, verkündet er nun „Weisheit unter Vollkommenen“, das „Geheimnis der verborgenen Weisheit Gottes“. Hier benutzt Paulus die Sprache der Mysterien. Das wahre Mysterium, das tiefste Geheimnis, das es zu enthüllen gilt, ist die Weisheit Gottes. Sie ist allen Menschen verborgen. Aber Gott hat sie in Jesus offenbart. Und so erfüllt die Predigt des Paulus die Sehnsucht der Korinther und die Sehnsucht der gesamten griechischen Philosophie nach wahrer Weisheit. „Philosophie“ heißt ja: Liebe zur Weisheit. In Christus – so sagt Paulus – gipfeln alle Erkenntnisse, die die griechische Philosophie jemals erkannt hat. So brauchen auch wir uns im Disput mit heutiger Philosophie oder Psychologie nicht zu verstecken. Wir können mithalten. Aber es ist eine Weisheit, die alles Prahlen über menschliches Wissen hinter sich lässt und das Geheimnis unseres Menschseins aufschließt und die das Geheimnis der unbegreiflichen Liebe Gottes aufscheinen lässt.

Unser Leben erhält einen anderen Geschmack

Das Geheimnis kann man nicht besitzen. Man kann es auch nicht analysieren. Es braucht die Ehrfurcht vor dem Geheimnis, das uns umgibt. Karl Rahner nennt Gott das absolute Geheimnis. Dieses Geheimnis verlangt Anbetung. Wir verneigen uns vor dem Geheimnis und bekennen, dass unser Verstand unfähig ist, dieses Geheimnis wirklich zu begreifen. Aber wir spüren, dass unser Leben einen anderen Geschmack bekommt, wenn es nicht vom Banalen umgeben ist, sondern vom Geheimnis. Peter Schellenbaum hat diese Erfahrung so ausgedrückt: Umgeben sein vom Wunderbaren. Diese Erfahrung gibt uns unsere menschliche Würde.

Er hat uns erwählt

„Gepriesen sei der Gott und Vater unseres Herrn Jesus Christus. Er hat uns mit allem Segen seines Geistes gesegnet durch unsere Gemeinschaft mit Christus im Himmel. Denn in ihm hat er uns erwählt vor der Erschaffung der Welt, damit wir heilig und untadelig seien vor Gott; er hat uns aus Liebe im Voraus dazu bestimmt, seine Söhne zu werden durch Jesus Christus und nach seinem gnädigen Willen zu ihm zu gelangen, zum Lob seiner herrlichen Gnade. Er hat sie uns geschenkt in seinem geliebten Sohn durch sein Blut haben wir die Erlösung, die Vergebung der Sünden nach dem Reichtum seiner Gnade." (Eph 1,3–7)

Wir haben Gottes Zusage

Der Epheserbrief beginnt mit einem Lobpreis Gottes. Es ist in Wirklichkeit ein einziger Satz, in dem Paulus Gott preist für alles, was er uns getan hat. Doch wie können wir diese Worte so verstehen, dass sie uns persönlich angehen? Sind das nicht einfach nur schöne Worte? Können wir davon leben? Ich möchte auch hier ein paar Anregungen geben, diesen Text zu verstehen und auf unser Leben zu beziehen. *Zunächst* ist da die Zusage, dass wir mit allem Segen des Geistes gesegnet sind. Wir sind in seiner Gnade. Das heißt: Gottes Segen ist in uns und befähigt uns, füreinander zum Segen zu werden.

Wir sind von Gott angeschaut

Die *zweite* Aussage: Wir sind erwählt vor der Erschaffung der Welt. Das ist eine dichterisch formulierte Zusage, dass Gott uns schon vor aller Zeit im Blick hatte. Damit ist nichts darüber aussagt, dass andere nicht erwählt sind. Vielmehr will der Epheserbrief uns sagen: Bevor wir Gott suchen, hat Gott selbst sich schon auf die Suche nach uns gemacht. Er hat uns erwählt, damit auch wir ihn wählen als das Ziel unseres Lebens. Er hat uns in Liebe angeschaut, damit wir nach ihm Ausschau halten. Und er hat uns durch seinen Segen befähigt, dass wir heilig und untadelig sind vor ihm. Die Liturgie lässt diesen Text am Fest Maria Immaculata vorlesen, um auszudrücken, dass wir wie Maria in Jesus Christus heilig und makellos (*immaculati*) sind. Dort, wo Gottes Segen in uns ist, hat die Sünde keinen Zutritt. Da sind wir rein und ohne Schuld. Auf dem Grund unserer Seele ist ein Raum der Stille, zu dem die Schuld und die Schuldgefühle keinen Zutritt haben.

Er hat Wohlgefallen an uns

Die *dritte* Aussage: Aus Liebe hat Gott uns vorausbestimmt, seine Söhne und Töchter zu werden. Hier ist nicht von Prädestination die Rede, als ob die einen zum Heil und die anderen zum Unheil bestimmt wären. Das Vorherbestimmtsein drückt nur Gottes Willen aus, dass wir alle Söhne und Töchter Gottes sind, weil er Wohlgefallen an uns hat. Hier benutzt Paulus das gleiche Wort wie Lukas: „Friede den Menschen des göttlichen Wohlgefallens“ (vgl. Lk 2,14). In dem griechischen Wort *eudokia* klingt eine emotionale Seite an: Gott hat emotional an uns Gefallen. Er liebt uns. Wenn wir als Söhne und Töchter Gottes leben, dann scheint Gottes Herrlichkeit und Schönheit in uns für diese Welt auf, seine Gnade, seine Zärtlichkeit. Diese Zärtlichkeit Gottes wird uns in Jesus Christus geschenkt. Und diese Zärtlichkeit Gottes drückt sich für uns aus als Erlösung, Befreiung und

Heilung und als Vergebung der Sünden. Paulus spricht hier nicht von Sühne, sondern einfach vom Geschenk der Erlösung und Vergebung. In Jesus Christus dürfen wir uns als geliebte Söhne und Töchter fühlen. Das erlöst uns von unserer Selbstablehnung. Erlösung bedeutet: dass wir als „Unannehmbare" von Jesus angenommen und geliebt werden. Wenn wir das meditieren, können wir auf neue Weise leben: im Frieden mit uns selbst und im Vertrauen, gesegnet zu sein und Segen sein zu dürfen für andere.

Als Erlöste leben

Erlösung ist ein zentraler Begriff des christlichen Glaubens. Wir bekennen, dass wir durch Jesus Christus erlöst worden sind. Doch nicht nur Friedrich Nietzsche fordert von den Christen, dass sie erlöster aussehen sollten. Auch heute fragen uns die Menschen: Wie nimmst du wahr, dass du erlöst bist? Was ändert das in deinem Leben? Was heißt das: erlöst zu werden oder erlöst zu sein?

Die Bibel kennt verschiedene Wörter für die Erlösung. Da ist das Wort „apolytrosis", das Loskauf bedeutet. Es bezieht sich auf den Loskauf von Sklaven. Die Christen haben gespürt, dass Jesus sie gleichsam befreit hat aus der Versklavung an die eigenen Begierden, aus der Gefangenschaft innerer Zwänge und Lebensmuster. Und sie deuten den Tod Jesu, in dem er sich für uns aus Liebe hingegeben hat, als Loskauf und Freikauf. Wenn wir die Liebe Jesu am Kreuz sehen, die auch den Hass der Mörder überwindet, können wir uns vorstellen, dass wir aus dem Kreislauf von Gewalt und Gegengewalt, von Hassen und Gehasstwerden aussteigen und uns frei fühlen.

Das andere Wort ist „soteria". Es bedeutet: Heilung, Rettung und Bewahrung. Die Bibel erzählt uns, dass Jesus kranke Menschen heilt, dass er die, die sich verloren haben, aus ihrer Verlorenheit rettet, aus ihrer Sinnlosigkeit befreit und ihnen einen Weg zeigt, wie sie ihr wahres Selbst finden. Und Jesus spricht den Menschen die Vergebung ihrer Sünden zu. Erlösung wird im Neuen Testament immer auch mit der Sündenvergebung verbunden. Die Vergebung befreit uns aus unserer Verstrickung in die Schuld, in die wir geraten sind.

Als Christen bekennen wir, dass die Erlösung in Jesus Christus geschehen ist. Es ist also ein geschichtliches Ereignis: das heilende, befreiende und sündenvergebende Wirken Jesu in den drei Jahren seiner öffentlichen Tätigkeit in Palästina. Und die Erlösung ist geschehen in Tod und Auferstehung Jesu. Am Kreuz überwindet Jesus den Hass seiner Mörder durch seine vergebende Liebe, indem er für die Mörder betet: „Vater, vergib ihnen, denn sie wissen nicht, was sie tun" (Lk 23,34). Dieses geschichtliche Ereignis hat die Voraussetzungen unseres heutigen Lebens verwandelt. Die Liebe, die damals den Hass überwunden hat, wirkt bis heute auf uns ein. Aber die Erlösung ist nicht nur geschichtlich. Sie will von uns immer wieder neu angenommen werden. Wir sollen uns dem erlösenden Wirken Jesu täglich öffnen. Das geschieht im Gebet, in der Meditation und in der Feier der Liturgie, in der heute an uns geschieht, was damals an den Menschen geschehen ist, denen Jesus begegnet ist und die Jesus in seinem Sterben und nach seiner Auferstehung geschaut haben.

Verwandlung durch Schauen

Es war etwa um die sechste Stunde, als eine Finsternis über das ganze Land hereinbrach. Sie dauerte bis zur neunten Stunde. Die Sonne verdunkelte sich. Der Vorhang im Tempel riss mitten entzwei, und Jesus rief laut: Vater, in deine Hände lege ich meinen Geist. Nach diesen Worten hauchte er den Geist aus. Als der Hauptmann sah, was geschehen war, pries er Gott und sagte: Das war wirklich ein gerechter Mensch. Und alle, die zu diesem Schauspiel herbeigeströmt waren und sahen, was sich ereignet hatte, schlugen sich an die Brust und gingen betroffen weg. (Lk 23,44–48)

Auf das Sterben Jesu schauen

Lukas beschreibt die Erlösung durch das Kreuz mit dem Bild des Schauspiels. Das Schauspiel – so hat der griechische Philosoph Aristoteles gesagt – führt zur „Katharsis", zur Reinigung der Emotionen. Hier bezieht sich Lukas auf eine Stelle aus der *Politeia* Platons. Platon fragt dort: Wie wird es wohl in unserer ungerechten Zeit einem wahrhaft gerechten Menschen ergehen? Und er antwortet damit, dass man ihn aus der Stadt hinaustreiben, blenden und ans Kreuz hängen wird. Der Hauptmann sagt daher: Dieser Jesus war der wahrhaft gerechte Mensch. Und indem wir auf diesen gerechten Menschen schauen, werden wir verwandelt. Jesus hat am Kreuz selbst seinen Mördern vergeben. So dürfen wir vertrauen, dass es nichts in uns gibt, was Gott nicht vergibt. Und indem wir schauen, wie Jesus sein Leben in Gottes Hände übergibt, löst sich in uns die Angst vor dem Tod auf. Der Tod ist kein Fallen in das Grauen, sondern das Sich-Übergeben in Gottes gute Hände. Indem wir auf das Sterben Jesu schauen, wird unser eigener Tod verwandelt.

Ausgerichtet auf das Vertrauen

Und indem wir auf Jesus, den wahrhaft gerechten Menschen, schauen, werden wir selbst gerecht, werden wir ausgerichtet auf Gott hin, ausgerichtet auf das Vertrauen und auf die Liebe hin, die in Jesu Sterben sichtbar wird. Das Schlagen an die eigene Brust ist ein Bild dafür, dass wir mit unserem göttlichen Kern in Berührung kommen, mit dem wahrhaft Gerechten in uns. Im Schauen auf Jesus kommen wir in Berührung mit unserem wahren Selbst. So gehen wir verwandelt nach Hause. Das Sterben Jesu versteht Lukas als das Schauspiel, das für alle Zeiten die Menschen verwandelt. Lukas schildert uns dieses Schauspiel, damit wir es anschauen und im Anschauen unsere persönliche Erlösung erfahren. Die Kreuzigung Jesu ist ein geschichtliches Ereignis. Sie ist vor zweitausend Jahren geschehen. Aber Lukas schildert uns dieses Geschehen als ein Schauspiel, das es immer wieder anzuschauen gilt, damit es seine heilende, verwandelnde und erlösende Wirkung an uns vollziehen kann, damit wir im Schauen ganz und gar ausgerichtet werden auf die Liebe Gottes, die sich im Tod Jesu stärker gezeigt hat als der Hass der Mörder.

Befreit von der Sinnlosigkeit

Petrus begann zu reden und sagte: „Wahrhaftig, jetzt begreife ich, dass Gott nicht auf die Person sieht, sondern dass ihm in jedem Volk willkommen ist, wer ihn fürchtet und tut, was recht ist. Er hat das Wort den Israeliten gesandt, indem er den Frieden verkündete durch Jesus Christus; dieser ist der Herr aller. Ihr wisst, was im ganzen Land der Juden geschehen ist, angefangen in Galiläa, nach der Taufe, die Johannes verkündet hat: wie Gott Jesus von Nazaret gesalbt hat mit dem Heiligen Geist und mit Kraft, wie dieser umherzog, Gutes tat und alle heilte, die in der Gewalt des Teufels waren; denn Gott war mit ihm. Und wir sind Zeugen für alles, was er im Land der Juden und in Jerusalem getan hat. Ihn haben sie an den Pfahl gehängt und getötet. Gott aber hat ihn am dritten Tag auferweckt und hat ihn erscheinen lassen, zwar nicht dem ganzen Volk, wohl aber den von Gott vorherbestimmten Zeugen: uns, die wir mit ihm nach seiner Auferstehung von den Toten gegessen und getrunken haben. Und er hat uns geboten, dem Volk zu verkündigen und zu bezeugen: Das ist der von Gott eingesetzte Richter der Lebenden und der Toten. Von ihm bezeugen alle Propheten, dass jeder, der an ihn glaubt, durch seinen Namen die Vergebung der Sünden empfängt." (Apg 10,34–43)

Was bedeutet „Erlösung durch Jesus Christus"?

Von dieser Rede des Petrus können wir lernen, wie wir heute zu Menschen sprechen, die nicht in der christlichen Tradition stehen, damit sie das Geheimnis Jesu verstehen. Lukas erzählt uns in der Apostelgeschichte insgesamt 24 Reden. In ihnen zeigt er uns seine Theologie von der Erlösung durch Jesus

Christus. In der hier zitierten Rede spricht Petrus zu den Heiden, die um den römischen Hauptmann Cornelius versammelt sind. Er erklärt die Erlösung durch Jesus, indem er sich zunächst auf das Alte Testament bezieht. Dort hat Gott schon verkündet, dass das Heil nicht auf die Juden beschränkt ist, sondern dass jeder, der gottesfürchtig ist, von Gott angenommen wird. Dann beschreibt Petrus das Wirken Jesu im Land der Juden. Das Wirken Jesu war öffentlich. Es ist eine geschichtliche Tatsache, die man nachprüfen kann. Gott hat Jesus mit dem Heiligen Geist gesalbt. In dieser Kraft zog Jesus umher, tat Gutes und heilte alle, die in der Gewalt des Teufels waren. Lukas beschreibt das Wirken Jesu in Ausdrücken, die die Griechen verstehen konnten. Er nennt Jesus einen „Wohltäter" und „Heiler". Damit übernimmt er Beschreibungen hellenistischer Herrscher und Ärzte. Jesus erfüllt die Sehnsucht der Heiden. Er befreit die Menschen aus der Orientierungslosigkeit, in der sie der „diabolos", der Teufel, der alles durcheinanderbringt, gefangen hielt. Dann beschreibt Petrus den gewaltsamen Tod Jesu. Vor dem römischen Hauptmann nennt er nur die Juden, die ihn an das Holz geheftet haben. Er schont die Römer, die er in anderen Reden, vor allem in den Reden an die Juden, als die eigentlich Schuldigen bezeichnet. Wir dürfen darin keinen Vorwurf an die Juden sehen. Denn in anderen Reden nimmt er die Juden in Schutz. Sie haben nur aus Unwissenheit gehandelt (Apg 3,17). Lukas lässt den Petrus so sprechen, dass er die Heiden für Jesus gewinnen kann.

Eine Botschaft für alle

Gott hat Jesus auferweckt und hat ihn zum Richter der Lebenden und der Toten eingesetzt. Die Apostel sind dafür Zeugen. Sie haben mit Jesus nach seiner Auferstehung gegessen und getrunken. Lukas beschreibt also die Erscheinungen Jesu nicht nur als geistige Visionen, sondern als konkrete Begegnungen. Die Botschaft, die die Apostel den Heiden verkünden, ist, dass Christus der wahre Herr ist und dass alle, die an ihn glauben, in seinem Namen die Vergebung der Sünden empfangen. Die Botschaft von der Sündenvergebung gilt also allen Menschen. Das griechische Wort für Sünde, „hamartia", meint: das Ziel verfehlen.

Was heißt Vergebung der Sünden?

Die Vergebung der Sünden bedeutet daher die Befreiung von einem verpfuschten und sinnlosen Leben, von einem Leben, das der Würde des Menschen nicht entspricht. Die Vergebung der Sünden hängt für Lukas nicht mit dem Tod Jesu zusammen. Vielmehr ist Jesus durch Tod und Auferstehung zum Herrn über alle Lebenden und Toten eingesetzt worden. Daher hat er auch die Macht, Sünden zu vergeben. Wer an ihn glaubt, der erfährt, dass sein Leben wieder auf das eigentliche Ziel ausgerichtet wird, dass sein Leben wieder in Ordnung kommt.

In seiner Rede an die Heiden drückt Petrus auch unsere Sehnsucht aus: die Sehnsucht, dass wir uns nicht ständig rechtfertigen müssen, sondern dass wir uns bedingungslos angenommen fühlen. Die Botschaft von der Vergebung der Sünden bedeutet, dass wir aufhören, uns bei allem, was schiefläuft, selbst beschuldigen. Fehler und Fehltritte gehören zu unserem Leben. Wir sollen sie natürlich vermeiden. Aber wenn sie geschehen, sollen wir uns nicht mit Selbstvorwürfen zerfleischen, sondern aus unseren Schwächen heraus auf Jesus schauen, der auch uns die Vergebung unserer Sünden zuspricht.

Befreit von alten Prägungen

Ihr wisst, dass ihr aus eurer sinnlosen, von den Vätern ererbten Lebensweise nicht um einen vergänglichen Preis losgekauft wurdet, nicht um Silber und Gold, sondern mit dem kostbaren Blut Christi, des Lammes ohne Fehl und Makel. Er war schon vor der Erschaffung der Welt dazu ausersehen, und euretwegen ist er am Ende der Zeiten erschienen. Durch ihn seid ihr zum Glauben an Gott gekommen, der ihn von den Toten auferweckt und ihm die Herrlichkeit gegeben hat, sodass ihr an Gott glauben und auf ihn hoffen könnt. (1 Petr 1,18–21)

Eine Hoffnung ist uns geschenkt

Bei solchen Bibelstellen ist es mir immer wichtig, mich zu fragen: Welche Erfahrung steht dahinter? Und wie kann ich heute mit diesen Worten leben? Wie können diese Worte mein Leben hier und jetzt verwandeln? Theologisch gesprochen sagt dieser Text: Jesus hat uns befreit aus der Sinnlosigkeit und uns durch seine Erlösung eine neue Hoffnung geschenkt. Wir leben nicht sinnlos, sondern in der Hoffnung, dass unser Leben einen Sinn hat. Und dieser Sinn wird auch durch den Tod nicht zerstört, sondern vollendet.

Wir sind bedingungslos geliebt

Psychologisch gesehen sagt der Text für mich Folgendes: Jesus hat mich befreit aus den Lebensmustern, die ich von den Vätern (oder auch Müttern) mitbekommen habe. Ich bin nicht festgelegt durch die Lebensmuster, die mir in meiner Erziehung eingeprägt wurden. Ein solches Lebensmuster könnte sein: Ich muss mich durch Leistung beweisen. Ich suche die

Schuld immer bei mir. Ich vergleiche mich ständig mit anderen und fühle mich minderwertig, zu kurz gekommen, übersehen. Dieses Lebensmuster prägt mich, drückt mich oft nieder, gibt mir ein Gefühl von Wertlosigkeit oder Sinnlosigkeit. Der Schrifttext sagt nun: Durch das kostbare Blut Jesu bin ich losgekauft aus diesen Lebensmustern. Wie kann ich diese Behauptung verstehen? Blut steht für die Liebe. Jesus hat sich am Kreuz für mich hingegeben. Wenn ich das auf mich einwirken lasse, dann spüre ich: Ich muss mich nicht mehr beweisen. Ich bin bedingungslos angenommen und geliebt. Ich brauche mich nicht mehr kleinzumachen. Denn ich bin so wertvoll, dass Jesus sein Leben für mich aufs Spiel gesetzt hat, dass er sein Leben für mich hingegeben hat.

Ein neues Lebensmuster

Durch diese Liebe hat er mich losgekauft: Das heißt, er hat mich losgelöst aus den Verstrickungen meiner Vergangenheit und mich befreit von den Lebensmustern, die mich bisher geprägt haben. Es ist ein anderes Lebensmuster, das Jesus durch seinen Tod am Kreuz mir aufprägt: das Muster bedingungsloser Liebe und das Muster eines unendlichen Wertes, den mir Jesus zuspricht. Wenn ich mir von Jesus dieses Muster bedingungsloser Liebe einprägen lasse, dann werde ich frei von dem Druck, mich immer wieder von Neuem beweisen zu müssen, damit ich von anderen gesehen werde. Jesus hat mich angesehen und für mich sein Leben hingegeben. Das zu glauben, gibt mir eine andere Sicht auf mein Leben.

Ein Dasein voll innerer Freiheit

Um seinetwillen habe ich alles preisgegeben und halte es für Mist, um Christus zu gewinnen und in ihm erfunden zu werden, nicht im Besitz meiner eigenen Gerechtigkeit, wie sie aus dem Gesetz stammt, sondern jener Gerechtigkeit, die aus dem Glauben an Christus kommt, der Gerechtigkeit aus Gott aufgrund des Glaubens. (Phil 3,8f)

Innige Gemeinschaft ist das Ziel

Was haben diese Worte mit unserem Leben zu tun? Der Hintergrund dieser Worte ist die Vergangenheit des Paulus, der in seiner Jugend einen großen Ehrgeiz hatte, alle Vorschriften des Gesetzes einzuhalten. Jetzt, nachdem er Christus erfahren hat als den, der sich für ihn hingegeben hat, hält er seinen ganzen Ehrgeiz für Mist, Kehricht und Unrat. Er greift mit diesem Bild einen in der Antike verbreiteten Slogan auf. Von einem Liebhaber sagt der römische Dichter Plautus, er würde im Vergleich zur Geliebten seine Habe als Mist betrachten. An die Stelle der geliebten Frau tritt für Paulus Jesus Christus. Der erfüllt seine Sehnsucht, so wie eine Geliebte die Sehnsucht des Liebhabers stillt. In Christus zu sein, in inniger Gemeinschaft mit ihm, ist das Ziel seines Strebens.

Ich muss meinen Wert nicht beweisen

Was Paulus aufgibt, nennt er die Gerechtigkeit, die aus dem Gesetz kommt. Man könnte sagen: Es ist die eigene Leistung, auf die er aufgebaut hat, mit der er die Zuwendung und Bestätigung durch Gott erkaufen wollte. Er wollte sich vor Gott beweisen, wollte beweisen, dass er die Gebote erfüllen kann. Gott bleibt dann gar nichts anderes übrig, als ihn zu belohnen. Bei diesem religiösen Konzept geht es nur um das eigene Selbstbild, um das Bild eines in sich richtigen und gerechten Menschen. Das ist für Paulus nun nichts als Mist. Jetzt geht es ihm um die Gerechtigkeit, die aus dem Glauben an Christus kommt. Wie sollen wir das heute verstehen? Für mich entscheidend ist die Erfahrung bedingungsloser Liebe. Weil Gott mich bedingungslos liebt – und das hat er mir am Kreuz Jesu gezeigt –, muss ich weder vor Gott noch vor anderen Menschen meinen Wert beweisen.

Gott kann alles in uns verwandeln

Am Kreuz – so hat Paulus erfahren – hat Christus das religiöse Leistungskonzept durchgestrichen. Gott, der den gekreuzigten Jesus auferweckt hat, ist für Paulus ein Zeichen dafür, dass Gott auch das, was in uns tot und erstarrt ist, zum Leben auferwecken kann, allein aufgrund seiner Gnade. Tod und Auferstehung Jesu sind für Paulus der Beweis, dass Gott alles in uns zu verwandeln und alles in uns richtig zu machen vermag. Das ist eine überwältigende Erfahrung, die sein bisheriges Lebensgebäude umwirft, eine neue Erfahrung, für die er nicht genug danken kann. Wenn wir das auf unseren Alltag beziehen, so heißt es: Wir müssen weder vor Gott noch vor den Menschen uns beweisen. Wir sind bedingungslos geliebt. Wir brauchen kein strahlendes Ich aufzubauen, das überall imponieren möchte. Wir dürfen ganz wir selbst sein, mit unseren Schattenseiten und Schwächen. Wir dürfen alles in uns anschauen, weil wir bedingungslos geliebt sind. Das ergibt ein gelassenes Dasein voll innerer Freiheit.

Der Glaube an die Liebe erlöst

Ihn (Jesus Christus) hat Gott dazu bestimmt, Sühne zu leisten mit seinem Blut, Sühne, wirksam durch Glauben. (Röm 3,25)

Wie ein Schwamm

Viele tun sich mit dem Gedanken schwer, dass Jesus unsere Sünden sühnen muss. Manche verbinden diesen Gedanken auch mit Strafe: Gott hat seinen Sohn an unserer Stelle für unsere Sünden bestraft. Doch was ist das für ein Gottesbild, dass Gott seinen Sohn für unsere Sünden strafen muss? Daher ist es wichtig, dass wir genau hinschauen, was Paulus hier schreibt. Im Griechischen steht hier: „hilasterion". Es ist der Deckel der Bundeslade, der jedes Jahr mit Blut gereinigt werden muss, damit die Israeliten wieder Zugang zu Gott bekommen. Der Neutestamentler Klaus Berger hat Römer 3,25 so übersetzt: „Gott hat Jesus zum Ort der Sühne (hilasterion) gemacht mit seinem Blut, und wir haben Zugang dazu durch den Glauben." Jesus wird also mit dem Deckel der Bundeslade verglichen. Es ist klar, dass Paulus hier in Bildern spricht. Doch was meint dieses Bild? Der Deckel der Bundeslade ist der heiligste Ort Israels. Der heiligste und reinste Ort in Israel zieht alle Sündenschuld des Volkes an sich. Klaus Berger vergleicht es mit einem Magneten, der „alles Metall anzieht, das gegenläufig gepolt ist". So zieht Jesu als der von Sünden reine Mensch alle Schuld der Menschen an sich. „Weil Jesus heilig und gerecht war und ohne eigene Schuld, konnte er grenzenlos die Schuld aller anderen in sich aufsaugen wie ein Schwamm. Und wie der Schwamm ausgedrückt wird, so wurde alle Sündenschuld durch Jesu Tod entsorgt."

Ein neuer Zugang zu Gott

Bei allen Aussagen des hl. Paulus über die Erlösung müssen wir uns immer der Bildhaftigkeit seiner Sprache bewusst sein. Dann ist auch die Aussage von der Sühne eine heilsame Aussage. Sie sagt uns: Wir haben uns durch unsere Sünden Gott gegenüber verschlossen. Wir waren in uns selbst eingeschlossen. Die Worte Gottes sind nicht mehr durchgedrungen durch die Verkrustungen unseres Herzens. Durch sein Blut, das Ausdruck seiner Liebe bis zur Vollendung des Todes ist, hat Jesus unsere verschlossenen Herzen wieder geöffnet. Wir wurden wieder fähig, uns für Gott zu öffnen. Wir sind wieder kultfähig geworden, wie Paulus das in Röm 3,25 ausdrückt. Wir bekamen wieder Mut, uns vor Gott zu stellen und uns seiner Liebe zu öffnen, ohne ein schlechtes Gewissen zu haben. Die Liebe, die im Tod Jesu stärker war als alle Sünde der Welt, ermöglicht uns, vor Gott zu treten und seine heilende Liebe zu erfahren. Der Glaube an das Geheimnis der Liebe, mit der Jesus im Tod die Sünde besiegt hat, verschafft uns wieder Zugang zu Gott. Und darin besteht die Erlösung.

Weg zum Leben, auch im Tod

Gott hat Jesus von den Wehen des Todes befreit und auferweckt; denn es war unmöglich, dass er vom Tod festgehalten wurde. David nämlich sagt über ihn: Ich habe den Herrn beständig vor Augen. Er steht mir zur Rechten, ich wanke nicht. Darum freut sich mein Herz und frohlockt meine Zunge, und auch mein Leib wird in sicherer Hoffnung ruhen; denn du gibst mich nicht der Unterwelt preis, noch lässt du deinen Frommen die Verwesung schauen. Du zeigst mir die Wege zum Leben, du erfüllst mich mit Freude vor deinem Angesicht. (Apg 2,24–28)

Auferstehung: Lebensgemeinschaft mit Gott

Die Apostelgeschichte gibt in dieser Passage die Pfingstpredigt des Petrus wieder. Lukas hat in seinem Evangelium Auferstehungsgeschichten erzählt. In der Apostelgeschichte möchte er das Geheimnis der Auferstehung Jesu theologisch erklären. Er tut es mit einem alttestamentlichen Psalm. Es ist interessant, dass Lukas Psalmverse so meditiert, dass sie für ihn das Geheimnis der Auferstehung ausdrücken. Für Lukas wird alles zum Bild der Auferstehung, auch der Beter dieses Psalms, der Gott beständig vor Augen hat. Die innige Lebensgemeinschaft mit Gott, die der Beter erfährt, schenkt ihm die Gewissheit, dass diese Gemeinschaft auch durch den Tod nicht zerstört werden kann. Jesus hat durch den Geist, mit dem er erfüllt war, eine so tiefe Gemeinschaft mit Gott erfahren, dass er auch im Tod nicht aus ihr fallen konnte. Gott selbst hat ihn auferweckt.

Jesus führt zum wirklichen Leben

Und so ist er für uns zum „Anführer des Lebens" (Apg 3,15) geworden. Der Begriff „archegos tes zoes" = „Anführer in das Leben, Anfänger des Lebens" ist für Lukas Zentralbegriff seiner Auferstehungstheologie. Jesus wird auch die, die sich mit ihm verbinden, zum Leben führen, zu einem Leben, das auch durch den Tod nicht zunichte werden kann. Es geht Lukas darum: Jesus führt uns als der Auferstandene zum wirklichen Leben. Die Aufgabe der Apostel besteht darin, „Worte des Lebens" (Apg 5,20) zu verkünden. Jesus zeigt uns in der Auferstehung „die Wege zum Leben" (Apg 2,28). Wonach sich junge Menschen auch heute vor allem sehnen, ist: wirklich zu leben, erfüllt zu leben. Auf diese Sehnsucht antwortet Lukas. Jesus ist der Anführer zum Leben. Wenn wir ihm folgen, werden wir das Leben finden. Diese Botschaft von der Auferstehung will Lukas auch uns heute verkünden, damit wir nicht falschen Versprechungen nachlaufen, die uns statt zum Leben in die Enttäuschung führen.

Eine unzerstörbare Gemeinschaft

Auferstehung bedeutet für Lukas das Vertrauen, dass wir nie aus der Gemeinschaft mit Gott fallen können. Der Philosoph Gabriel Marcel hat das so ausgedrückt: „Lieben heißt zum anderen sagen: Du, du wirst nicht sterben." Weil Gott uns liebt, hat auch der Tod keine Macht über uns. Weil Gott auch im Tod zu unserer Rechten steht, werden wir aufrecht durch die Pforte des Todes schreiten, hinein in die Fülle des Lebens. Das Leben, das in uns ist, wird nicht vergehen. Unser Leib wird verwandelt werden in die ursprüngliche und unverfälschte Gestalt, die Gott jedem von uns zugedacht hat.

Neuer Geschmack am Leben

Wisst ihr nicht, dass wir alle, die wir auf Christus Jesus getauft wurden, auf seinen Tod getauft worden sind. Wir wurden mit ihm begraben durch die Taufe auf den Tod; und wie Christus durch die Herrlichkeit des Vaters von den Toten auferweckt wurde, so sollen auch wir als neue Menschen leben. Wenn wir nämlich ihm gleich geworden sind in seinem Tod, dann werden wir mit ihm auch in seiner Auferstehung vereinigt sein. (Röm 6,3–5)

Spüre, wer du wirklich bist

Paulus spricht eine theologische Sprache, die für viele fremd geworden ist. Doch wenn wir den existenziellen Hintergrund dieser Sprache meditieren, gehen uns diese Worte auf einmal neu auf. Mir erschließt sich der Sinn der Paulusworte auch aus Träumen. Wir träumen manchmal davon, dass wir sterben. Manche bekommen dann Angst und meinen, sie würden bald sterben. Doch solche Träume sagen, dass unsere alte Identität sterben muss. Wir haben ein Bild von uns, das wir ablegen sollen. Und wenn wir träumen, dass ein anderer Mensch stirbt, dann bedeutet das oft, dass wir unser Bild, das wir von diesem Menschen haben, begraben sollen. Wir sollen versuchen, den anderen mit neuen Augen anzuschauen. Wer ist dieser Mensch wirklich?

Als neue Menschen leben wir

Durch die Taufe, so sagt Paulus, ist unsere alte Identität gestorben. Wir haben uns von der Welt her definiert, von Erfolg und Anerkennung, von Zuwendung und Bestätigung, vom Besitz und der Rolle, die wir spielen. Doch das ist nur etwas Äußeres. In der Taufe sollen wir diese Identität begraben und spüren, wer wir wirklich sind. Wir sind neue Menschen. Wir sollen – wie es im Griechischen heißt – „in der Neuheit des Lebens wandeln". In der Taufe werden wir gereinigt von allem, was unser wahres Leben verstellt. Und wir haben teil an der Neuheit des Lebens, wie es in der Auferstehung Jesu sichtbar geworden ist. Hier versteht Paulus Auferstehung nicht als das, was uns nach dem Tod erwartet (darüber wird er in 1 Kor 15 sprechen), sondern als das, was hier und jetzt unser Leben prägt. Auferstehung heißt: heute als neue Menschen leben. Dabei verwendet Paulus zwei Worte: Auferweckung und Auferstehung. Als neue Menschen leben wir, wenn wir aufgewacht sind aus dem Schlaf unserer Illusionen, wenn Gott selbst unsere Augen geöffnet hat, wenn wir als „Erwachte" leben. Und als neue Menschen leben wir, wenn wir aufstehen aus unserer Zuschauerrolle und das Leben wagen. Wenn wir uns an unsere Taufe erinnern, sollen wir immer daran denken, dass neues Leben in uns ist, dass wir Altes ablegen sollen, um hier und jetzt aufzustehen, um in der Neuheit des Lebens, mit einem neuen Geschmack am Leben unseren Weg zu gehen.

Das Leben erweist seine Macht

Diesen Schatz tragen wir in zerbrechlichen Gefäßen; so wird deutlich, dass das Übermaß der Kraft von Gott und nicht von uns kommt. Von allen Seiten werden wir in die Enge getrieben und finden doch noch Raum; wir wissen weder aus noch ein und verzweifeln dennoch nicht; wir werden gehetzt und sind doch nicht verlassen; wir werden niedergestreckt und doch nicht vernichtet. Wohin wir auch kommen, immer tragen wir das Todesleiden Jesu an unserem Leib, damit auch das Leben Jesu an unserem Leib sichtbar wird. Denn immer werden wir, obgleich wir leben, um Jesu willen dem Tod ausgeliefert, damit auch das Leben Jesu an unserem sterblichen Fleisch offenbar wird. So erweist an uns der Tod, an euch aber das Leben seine Macht. (2 Kor 4,7–12)

Herrlichkeit Gottes, die allen zuteilwurde

In diesem Text finden sich Anklänge an die stoische Philosophie. Da ist einmal das Bild des zerbrechlichen Gefäßes, das den göttlichen Schatz in sich trägt. So sagt der stoische Philosoph Seneca: „Was ist der Mensch? Ein Gefäß, durch beliebige Erschütterung und beliebigen Stoß zu zerbrechen." Und auch die Gegenüberstellung von Bedrängnis und Rettung entspricht dem sogenannten „Peristasenkatalog", wie ihn der Stoiker Epiktet auf ähnliche Weise aufzählt. Der Neutestamentler Hans-Joachim Klauck definiert Peristasen als „widrige Umstände, in denen ich mich vorfinde und zu bewähren habe". Doch bei aller Ähnlichkeit mit den stoischen Vorstellungen gibt Paulus seiner Erfahrung eine ganz andere, eine christliche Deutung. Für die Stoiker, so Klauck, ging es in den Peristasenkatalogen darum, „die Unerschütterlichkeit des Weisen angesichts aller Widerwärtigkeiten des Lebens“ zu beschreiben. Für Paulus allerdings geht es nicht um die Unerschütterlichkeit des Weisen, sondern um die Erfahrung Jesu Christi. Paulus interpretiert das Leiden, das ihm widerfährt, als Teilhabe am Kreuzesleiden Jesu. Und das Bestehen all der Leiden, die Erfahrung der Weite mitten in der Enge und Bedrängnis versteht er als Teilhabe an der Auferstehung Jesu. Paulus erfährt also in seinem Leben als Verkünder der Frohen Botschaft das Schicksal Jesu an sich. In Jesus hat Gott sich auch ein zerbrechliches Gefäß ausgesucht, um seine göttliche Herrlichkeit zu tragen. Am Kreuz ist dieses Gefäß zerbrochen worden. Aber der Schatz der göttlichen Herrlichkeit ist in der Auferstehung Jesu allen Menschen zuteilgeworden. Und durch die Predigt des Apostels wird diese Herrlichkeit unter die Menschen gebracht.

In uns ist ein unzerstörbarer Schatz

Das Bild vom zerbrechlichen Gefäß gilt aber nicht nur für die Botschaft von Jesus Christus, dem Gekreuzigten und Auferstandenen, sondern für jeden Christen. Wir tragen in uns den Schatz des göttlichen Lichtes, der göttlichen Liebe. Dieser Schatz kann nicht zerstört werden. Aber das Gefäß ist zerbrechlich. Wenn es zerbrochen wird, dann wird der göttliche Schatz durch uns in der Auferstehung neu aufleuchten. Wir können nicht damit angeben und uns über die anderen Menschen stellen, dass wir den göttlichen Schatz in uns tragen. Denn unser Gefäß kann jederzeit zerbrechen. Das soll uns demütig machen. Aber der Glaube an den Tod und die Auferstehung Jesu nimmt uns die Angst vor dem Zerbrechen. Denn ganz gleich, ob wir in unserem zerbrechlichen Gefäß die Herrlichkeit Gottes und den Glanz Jesu Christi zu den Menschen tragen oder ob wir im Tod aufgebrochen werden, immer wird dieser Glanz durch uns auch den Menschen zuteil.

Mitten im Leben

Aber Paulus denkt nicht nur an die Auferstehung nach dem Tod. Vielmehr erfährt er hier im Leben immer schon beide Aspekte: Tod und Auferstehung – Bedrängnis und Befreiung, Enge und Weite, Hoffnungslosigkeit und Hoffnung, Angst und Vertrauen. Und so können wir Christen das Geheimnis von Tod und Auferstehung Jesu tagtäglich in unserem Leben erfahren. Wir erleben beides: den Tod als Bedrängnis, als Bedrohung, als Verletzung, und die Auferstehung als Weite, als Freiheit, als inneren Frieden.

Seine Gnade genügt

Damit ich mich wegen der einzigartigen Offenbarungen nicht überhebe, wurde mir ein Stachel ins Fleisch gestoßen: ein Bote Satans, der mich mit Fäusten schlagen soll, damit ich mich nicht überhebe. Dreimal habe ich den Herrn angefleht, dass dieser Bote Satans von mir ablasse. Er aber antwortete mir: Meine Gnade genügt dir; denn sie erweist ihre Kraft in der Schwachheit. Viel lieber also will ich mich meiner Schwachheit rühmen, damit die Kraft Christi auf mich herabkommt. Deswegen bejahe ich meine Ohnmacht, alle Misshandlungen und Nöte, Verfolgungen und Ängste, die ich für Christus ertrage; denn wenn ich schwach bin, dann bin ich stark. (2 Kor 12,7–10)

Jesus gibt eine Antwort

Seit jeher haben die Exegeten gerätselt, von welcher Krankheit Paulus hier spricht. Heute sind sie sich einig, dass wir es nicht mit Gewissheit feststellen können. Paulus spricht bildhaft von seiner Krankheit. Man könnte von den Bildern her sagen, dass es eine Krankheit war, die stechende Schmerzen verursache hat, und eine demütigende Krankheit, die den großen Völkerapostel vor den Menschen in einer eigenartigen Schwäche auftreten ließ. Die Tatsache, dass wir das Krankheitsbild nicht mehr feststellen können, ist für uns die Einladung, uns selbst mit Paulus zu identifizieren und seine Erfahrung zu unserer eigenen zu machen. Paulus hat Christus dreimal gebeten, ähnlich wie Jesus selbst Gott dreimal darum gebeten hat, den Kelch an ihm vorübergehen zu lassen. Aber genauso wenig, wie Gott Jesus vor dem bitteren Kelch des Leidens bewahrt hat, hat er den Paulus von seiner Krankheit geheilt. Aber das Gebet des Paulus ist nicht ohne Wirkung geblieben. Jesus gibt eine Antwort. Es ist das einzige Jesuswort, das uns der zweite Korintherbrief überliefert. Es ist ein Wort des erhöhten Herrn: „Meine Gnade genügt dir, denn sie erweist ihre Kraft in der Schwachheit“ (2 Kor 12,9).

Es ist ein tröstliches Wort für uns. Ich kenne eine Therapeutin, die darunter leidet, dass sie selbst manchmal von depressiven Schüben heimgesucht wird. Sie meint, das würde sie als Therapeutin schwächen. Aber die Erfahrung des hl. Paulus könnte ihr sagen: Vielleicht bist du gerade wegen deiner Depression eine so gute Therapeutin. Du musst deine Depression gar nicht loswerden. Vertraue darauf, dass Gottes Kraft dir genügt, dass Gottes Kraft gerade in deiner Schwäche ihre heilende Wirkung an den Menschen erweist.

Christus lebt in mir

Ich bin durch das Gesetz dem Gesetz gestorben, damit ich für Gott lebe. Ich bin mit Christus gekreuzigt worden; nicht mehr ich lebe, sondern Christus lebt in mir. Soweit ich aber jetzt noch in dieser Welt lebe, lebe ich im Glauben an den Sohn Gottes, der mich geliebt und sich für mich hingegeben hat. (Gal 2,19f)

Wir stehen nicht mehr unter dem Zwang

Dieser Text war für Martin Luther eine Bestätigung dafür, dass wir nicht durch die Werke des Gesetzes gerechtfertigt werden, sondern durch den Glauben. Aber was sagt dieser Text für uns heute? Für uns heute ist die Frage nach dem jüdischen Gesetz nicht mehr bedeutsam. Aber das Gesetz steht eben für die inneren Gesetze, die wir uns selbst machen. Es sind die Gesetze des Erfolgs, der Macht, der Karriere, des Perfektionismus, des Sich-selbst-beweisen-Müssens. Durch die Taufe – so sagt uns der Text – sind wir diesen Gesetzen der Welt gestorben. Sie haben keine Macht mehr über uns. Wir stehen nicht mehr unter dem Zwang, uns ständig beweisen zu müssen.

Unsere mystische Existenz

Die neue Existenz, die wir durch die Taufe erhalten haben, beschreibt Paulus als eine mystische Existenz: Christus lebt in mir. Mit den Maßstäben der Welt, denen ich durch die Taufe entrissen wurde, hat auch das Ego in mir an Macht eingebüßt. Nicht mehr das Ego, das sich ständig beweisen muss, regiert mich, sondern Christus. Christus ist mein wahres Selbst geworden.

Wenn er in mir lebt, dann bin ich wahrhaft frei von der Macht des Gesetzes. Aber „Christus in mir“ bedeutet mehr als Freiheit; es bedeutet auch, dass Christi Liebe in mir wohnt. Wenn ich also in mich hineinschaue, so stoße ich nicht nur auf meine Gier nach Anerkennung, auf meine Angst, nicht gut genug zu sein. Wenn ich in mich hineinschaue und bis in den Grund meiner Seele vordringe, dann werde ich dort Christus als den entdecken, der in mir wohnt mit seiner Liebe. Und ich werde Christus als den entdecken, der mich befreit von all den inneren Gesetzen, mit denen ich mich selbst versklave. Es ist eine neue Existenz, die Paulus hier beschreibt. Es ist eine Existenz, geprägt von Liebe und Freiheit, von Lebendigkeit und Freude. Leider spürt man in den Auslegungen der Exegeten nichts von dieser Liebe und Freiheit und Freude. Es sind oft strohtrockene Auslegungen, die irgendeine Theorie aufstellen, aber nicht von der Erfahrung dieses „Christus lebt in mir“ geprägt sind.

Erleuchtet und verwandelt

Alles, was aufgedeckt ist, wird vom Licht erleuchtet. Alles Erleuchtete aber ist Licht. (Eph 5,13f)

Alles wird zum Licht

Vor diesem Vers beschreibt der Epheserbrief das Treiben der Menschen, die antiken Mysterienkulten anhängen. Manche Exegeten interpretieren daher diesen Vers so, dass die Christen das schändliche Treiben der Heiden aufdecken sollen und sie zu Christus führen sollen, der das eigentliche Licht ist. Das ist sicher eine mögliche Deutung. Aber ich sehe in diesem einfachen Vers etwas, was mich als Person betrifft. Und ich sehe darin einen wichtigen Grundsatz der Verwandlung. Verwandlung ist für mich ein zentraler Begriff christlicher Spiritualität. Dann heißt dieser Vers für mich: Alles, was in uns ist an „Werken der Finsternis" (Eph 5,11), wird durch das Licht Jesu Christi erleuchtet, und es wird selbst zum Licht. Das bedeutet: Alles, was ich an mir ins Licht Christi halte – meinen Ärger, meine Wut, meine Angst, meinen Neid, meine Bosheit, meine Depression, meine Verzweiflung, meine Verlassenheit, meine Dunkelheit, meinen Egoismus –, das wird durch das Licht Jesu Christi erleuchtet und verwandelt. Und es wird selbst zum Licht. Ich möchte gerne mit meinen guten Seiten glänzen: mit meiner Liebe, mit meinen Erfolgen, mit meiner Disziplin. Aber wenn ich nur meine frommen Seiten leuchten lasse, dann leuchtet nicht der ganze Mensch. Wir erkennen das an anderen Menschen: Wenn sie ihre dunklen Seiten verbergen, wenn sie ihre Schattenseiten verschließen, dann leuchten sie nur zur Hälfte. Ein Mensch, in dem alles vom Licht Jesu Christi durchdrungen und verwandelt wird, hat als ganzer eine helle Ausstrahlung. In ihm spüren wir die Schattenseiten nicht als etwas Unangenehmes. Auch das Dunkle leuchtet in ihm mit. Auch durch seine Schwächen hindurch leuchtet das Licht Jesu Christi zu uns herüber. Alles, was in ihm ist, ist Licht geworden.

Alles darf sein

Es ist also ein optimistischer Vers. Alles in mir kann zum Licht werden, wenn ich es vom Licht Jesu Christi erleuchten lasse. Der Exeget Heinrich Schlier versteht diesen Vers in ähnlicher Weise. Er meint, dass die Werke der Finsternis, also alle Schattenseiten, „von der Kraft des Lichtes durchdrungen, von ihm gewandelt werden und so, im Innersten gelichtet, lichtendes Licht sind" (Schlier, *Epheserbrief* 240). In diesem Vers steckt also die Erlaubnis: Alles darf sein. Aber alles, was in mir ist, soll ich dem Licht Christi aussetzen und von ihm erhellen lassen. Dann wird mein ganzer Leib leuchten. Dann wird das eintreten, was Jesus im Lukasevangelium von dem sagt, der sich von seinem Licht erleuchten lässt: „Wenn dein ganzer Körper von Licht erfüllt und nichts Finsteres in ihm ist, dann wird er so hell sein, wie wenn die Lampe dich mit ihrem Schein beleuchtet" (Lk 11,36). Lukas deutet mit diesem Vers den Appell Jesu, dass wir unser Licht nicht unter den Scheffel stellen sollen. Matthäus deutet das Licht als gute Werke, also moralisierend. Lukas versteht das Wort Jesu mystisch: Wer alles in sich vom Licht Jesu erleuchten lässt, der hat eine helle Ausstrahlung, der ist als Mensch, vom Licht erfüllt, selbst zum Licht geworden. In ihm sehen die Menschen das Licht Jesu hindurchstrahlen. Aber das geschieht nur, wenn wir bereit sind, alles in uns aufzudecken und ins Licht Jesu zu halten. Dieses Aufdecken ist zunächst etwas Unangenehmes. Wir sehen die Werke der Finsternis eher in anderen. Doch sie sind auch in uns. Wir brauchen keine Angst davor haben. Wenn sie erleuchtet werden, werden sie verwandelt in Licht.

Der Schuldschein ist durchgestrichen

Mit Christus wurdet ihr in der Taufe begraben, mit ihm auch auferweckt, durch den Glauben an die Kraft Gottes, der ihn von den Toten auferweckt hat. Ihr wart tot infolge eurer Sünden, und euer Leib war unbeschnitten; Gott aber hat euch mit Christus zusammen lebendig gemacht und uns alle Sünden vergeben. Er hat den Schuldschein, der gegen uns sprach, durchgestrichen und seine Forderungen, die uns anklagten, aufgehoben. Er hat ihn dadurch getilgt, dass er ihn an das Kreuz geheftet hat. Die Fürsten und Gewalten hat er entwaffnet und öffentlich zur Schau gestellt; durch Christus hat er über sie triumphiert. (Kol 2,12–15)

Sündenvergebung: eine Weise des Lebendigwerdens

Erlösung beschreibt der Kolosserbrief als lebendig werden, von den Toten auferweckt werden. Nur nach den Maßstäben der Welt zu leben, nur so zu leben, wie es alle tun, das ist leere Routine, das ist Tod. Eine Weise des Lebendigwerdens ist die Gewissheit, dass Gott uns die Sünden vergeben hat. Der Kolosserbrief beschreibt die Vergebung der Sünden durch ein Bild. Ein Bild für die Schuld, in die wir durch die Sünde geraten, ist das Bild der finanziellen Schulden. Wenn wir bei einem Menschen Schulden gemacht haben, drücken sie uns oft nieder. Und wir wissen nicht, wie wir sie bezahlen sollen. Der Kolosserbrief hat nun das befreiende Bild, dass Gott den Schuldschein, auf dem unsere Schulden beziffert wurden, durchgestrichen und die Forderungen aufgehoben hat. Und er hat den Schuldsein dadurch zunichtegemacht, dass er ihn ans Kreuz geheftet hat.

Gott ist nicht nachtragend

Der Kolosserbrief spricht hier nicht von Sühne und einem Opfer, das unsere Sünden tilgt, sondern er gebraucht ein Bild für die Tilgung unserer Schuld. So wie Christus ans Kreuz geheftet wurde, wurde unser Schuldschein ans Kreuz geheftet und durchgestrichen und aufgehoben. Das Bild will uns befreien von unseren Schuldgefühlen und von der Angst, Gott könne uns alles nachtragen, was wir einmal verkehrt gemacht haben. Schon die Juden haben in einem Gebet gebetet: „Unser Vater, unser König, lösche aus durch deine große Barmherzigkeit all unsere Schuldbriefe." Am Kreuz erfüllt Gott diese Bitte durch das Geschehen einer Liebe, die stärker ist als alle Schuld, die wir auf uns geladen haben. So ist es ein befreiendes Bild, sich vorzustellen, dass der Schuldschein, der meine Schulden – finanzielle oder menschliche, vor Gott und den Menschen – aufgeschrieben hat, einfach durchgestrichen und entwertet worden ist.

Durchlässig für Christi Geist

Ich werde mich auch in Zukunft freuen. Denn ich weiß: Das wird zu meiner Rettung führen durch euer Gebet und durch die Hilfe des Geistes Jesu Christi. Darauf warte und hoffe ich, dass ich in keiner Hinsicht beschämt werde, dass vielmehr Christus in aller Öffentlichkeit – wie immer, so auch jetzt – durch meinen Leib verherrlicht wird, ob ich lebe oder sterbe. Denn für mich ist Christus das Leben und Sterben Gewinn. (Phil 1,18–21)

Freude trotz Bedrängnis

Die zitierten Worte hat Paulus aus dem Gefängnis in Ephesus an die Gemeinde von Philippi geschrieben. In einem antiken Gefängnis zu sitzen, war eine höchst unangenehme Sache. Da wusste man nie, ob man lebendig herauskommt. Paulus hat kurz vorher über seine Neider geschrieben, die ihm das Leben schwer machen. Aber trotz seiner vielen Neider und trotz der misslichen Situation im Gefängnis schreibt er immer wieder von der Freude. Der Grund seiner eigenen Freude ist in diesen Versen, dass alle Bedrängnis ihm letztlich nicht schaden wird, sondern zu seiner Rettung, zu seinem Heil führen wird. Paulus ist sich dessen gewiss, dass ihn nichts wirklich beschämen kann, dass er nicht scheitern wird, selbst wenn er im Gefängnis sterben und sein Wirken vergessen wird. Er erwartet zuversichtlich, dass Christus in ihm verherrlicht wird, ganz gleich, ob er weiterlebt und Christus in aller Welt verkündet oder ob sein Gefängnisaufenthalt tödlich endet. Entscheidend ist für Paulus, dass er durchlässig ist für Jesus Christus und dass Christus in ihm offenbar wird und in seiner ganzen Existenz verherrlicht wird. Die Herrlichkeit Christi wird in ihm sichtbar, wenn er sich ganz und gar Jesus Christus überlässt, ohne Nebenabsichten, ohne das Aussein auf Erfolg und Bestätigung durch die Menschen.

Christus ist Leben, Sterben Gewinn

Welche Erfahrung steckt hinter einer Aussage wie dieser: „Für mich ist Christus das Leben und Sterben Gewinn“? Wie kann ein Mensch so etwas schreiben? Paulus drückt seine tiefste Erfahrung aus, die er im Glauben an Jesus Christus gemacht hat: Für ihn ist das Leben Christus und das Sterben Gewinn. Es kann ihm letztlich nichts widerfahren, das ihn zum Scheitern verurteilt. Denn ganz gleich, ob er lebt oder stirbt, es geht ihm um Christus. In seinem Leben soll Christus verherrlicht werden und in seinem Tod. Daher ist ihm auch das Sterben Gewinn. Wir reden solche Worte oft einfach nur nach. Aber welche Erfahrung müssen wir machen, um solche Worte ehrlich zu sagen? Wir können diese Worte nur aussprechen, wenn wir wie Paulus Christus so intensiv begegnen, dass uns diese Begegnung ganz und gar verwandelt. Wir sind so fasziniert von dieser Begegnung, dass uns alles andere gleichgültig wird. Es ist uns nicht mehr wichtig, was die Menschen von uns denken, ob sie uns verfolgen, ja sogar ob sie uns töten. Wenn wir Christus wirklich begegnen, dann verliert der Tod seinen Schrecken. Dann ist die Begegnung mit Christus für uns wahres Leben. Und Sterben ist dann nur Gewinn. Denn im Sterben werden wir – wie Paulus sagt – für immer beim Herrn sein.

Der Tod verliert den Schrecken

Dass das Sterben Gewinn sein kann, haben schon griechische Philosophen und Dichter wie Platon, Aischylos oder Sophokles zum Ausdruck gebracht. Aber für die Griechen ist der Tod nur dann Gewinn, wenn das Leben unerträglich geworden ist. Für Paulus ist jedoch das Leben hier schon voller Hoffnung und Zuversicht, voller Freude. Zu leben bedeutet für ihn: in Christus sein, mit Christus sein, von Christus erfüllt sein. Christus ist der eigentliche Grund seines Lebens. Wahres Leben, erfüllte Lebendigkeit spürt Paulus nur dort, wo Christus ist, wo Christus ihn mit seinem Geist durchdringt. Wer so erfüllt ist von Christus wie der hl. Paulus, für den verliert der Tod den Schrecken. Er erfährt eine innere Freiheit und Gelassenheit gegenüber seinem äußeren Schicksal. Er liebt das Leben. Aber er fürchtet sich auch nicht vor dem Sterben. Denn im Sterben wird das Leben mit Christus, das ihn hier schon ausfüllt, in seinem wahren Glanz enthüllt. Da wird Christus dann alles sein. Wenn wir diese Worte in unser Herz fallen lassen und sie gleichsam kauen, dann können wir manchmal erahnen, welche Erfahrung Paulus gemacht hat. Und vielleicht begegnen wir dann diesem Jesus in ähnlicher Weise wie Paulus. Und auf einmal wird uns alles unwichtig. Entscheidend ist, dass wir in Christus sind, dass wir durchlässig sind für seinen Geist. Alles andere verblasst hinter dieser Erfahrung.

Lebendiges Miteinander

Der spirituelle Weg – so wie ihn Jesus versteht – führt immer auch zu einem guten Miteinander. Wie jemand mit anderen zusammen lebt, wie er mit ihnen auskommt, ob er gemeinschaftsfähig ist, daran zeigt sich, ob seine Spiritualität „stimmt". Gemeinschaft ist ein wichtiger Ort der Gotteserfahrung. Wir beten gemeinsam, wir feiern gemeinsam die christlichen Feste. Und das gelebte Miteinander führt auch zu einer ehrlichen Selbsterkenntnis. Denn in der Begegnung mit anderen Menschen werden mir meine eigenen Schattenseiten aufgedeckt. So ist das Miteinander eine ständige Herausforderung an uns, uns vom Geist Jesu prägen und durchringen zu lassen. Dieser Geist Jesu ist ein Geist der Barmherzigkeit und der Versöhnung.

Ohne diese beiden Haltungen ist auf Dauer kein Miteinander möglich. Unsere Aufgabe als Christen ist es, diese beiden Haltungen miteinander zu leben und so dazu beizutragen, dass auch die Gesellschaft um uns herum barmherziger, friedvoller und menschlicher wird. Gelebte Gemeinschaft ist immer eine Realitätskontrolle für unsere Spiritualität. Wie wir miteinander leben, offenbart am klarsten, ob wir uns vom Geist Jesu prägen lassen oder vom Ungeist einer Zeit, die nur auf die Selbstoptimierung des einzelnen setzt. Für die frühen Christen war das neue Miteinander ein Zeichen, dass Gottes Reich wirklich gekommen ist. Es ist auch unsere Aufgabe heute, das Reich Gottes in gelebter Barmherzigkeit und der Bereitschaft zur Versöhnung sichtbar werden zu lassen.

Bedeutung der Bruderliebe

Wenn jemand sagt: Ich liebe Gott!, aber seinen Bruder hasst, ist er ein Lügner. Denn wer seinen Bruder nicht liebt, den er sieht, kann Gott nicht lieben, den er nicht sieht. (1 Joh 4,20)

Liebe ist das zentrale Gebot

Wir leben auch als Christen heute nicht als Insel, sondern immer in Gemeinschaft, in der Gemeinschaft der Familie, der Nachbarschaft, der Pfarrei, der Firma. Für Jesus ist es entscheidend, dass wir Christen ein neues Modell von Gemeinschaft leben, eine Art des Miteinanders, in der alle ihren Platz finden: die Starken und die Schwachen, die Männer und die Frauen, die Reichen und die Armen, die Gesunden und die Kranken. Jesus hat die Liebe als das zentrale Gebot in den Mittelpunkt gestellt. Die Liebe bezieht sich auf Gott, auf uns selbst und auf den Nächsten. Die Liebe zum Nächsten ist der Test, ob unsere Selbstliebe stimmig ist oder reiner Narzissmus, ob unsere Gottesliebe echt ist oder Projektion unserer Bedürfnisse auf Gott hin.

Christen sollen ein Beispiel geben

Johannes beschreibt diesen Test sehr klar: Für Jesus ist die Gemeinschaft der Christen ein Zeichen, ob sie wirklich aus seinem Geist heraus leben. Gerade die Briefliteratur bezieht sich immer wieder auf dieses Anliegen, dass die Christen ein Beispiel geben sollen für ein neues Miteinander. Dabei zitiert die Briefliteratur nicht nur die Worte Jesu von der Liebe zum Nächsten, sondern benutzt auch sogenannte Tugendkataloge, wie sie in der stoischen Philosophie propagiert wurden. Die Christen sollen in ihrer Liebe zueinander den Menschen in ihrer Umgebung nicht nachstehen. Vielmehr soll ihre neue Weise des Miteinanders anziehend auf die Menschen ihrer Umgebung wirken. Christen heute sollen als Gemeinschaft ein Licht sein für diese Welt, Licht, das auch in das Miteinander der Gesellschaft hineinstrahlt und wie ein Sauerteig wirkt, der auch das Miteinander in der Gesellschaft durchdringt und verwandelt.

Ein Schutzraum des Segens

Man brachte Kinder zu Jesus, damit er ihnen die Hände auflegte. Die Jünger aber wiesen die Leute schroff ab. Als Jesus das sah, wurde er unwillig und sagte zu ihnen: Lasst die Kinder zu mir kommen; hindert sie nicht daran! Denn Menschen wie ihnen gehört das Reich Gottes. Amen, das sage ich euch: Wer das Reich Gottes nicht so annimmt, wie ein Kind, der wird nicht hineinkommen. Und er nahm die Kinder in seine Arme; dann legte er ihnen die Hände auf und segnete sie. (Mk 10,13–16)

Wenn Gott in uns herrscht

Jesus meint nicht, dass wir infantil werden sollen. Es geht vielmehr darum, das Reich Gottes so aufzunehmen wie ein Kind. Ein Kind ist offen. Wenn wir alles in uns selbst regeln und über uns bestimmen wollen, dann hat Gott keinen Platz in uns. Wir brauchen die Offenheit und Neugier eines Kindes für das, was das Reich Gottes meint. Reich Gottes bedeutet, dass Gott in uns herrscht. Doch in uns herrschen oft unsere Bedürfnisse, unsere Gier nach Anerkennung und Erfolg oder unser Kreisen um Zuwendung. Oder aber wir haben uns so im Leben eingerichtet, dass Gott gar nicht eintreten kann in unser Haus. Andere haben sich ein festes Bild von Gott gemacht. Auch sie lassen den unbekannten und unbegreiflichen Gott nicht eintreten. Ihr Haus ist von ihrem selbstgemachten Gottesbild oder auch von Götzen wie Geld und Reichtum besetzt. Das Kind, das wir gerne belehren möchten, stellt Jesus uns als Lehrer gegenüber. Von ihm sollen wir lernen, wie wir uns für Gott öffnen.

Im Schutzraum der Liebe

Mit drei Gebärden antwortet Jesus auf die Zurückweisung der Kinder durch die Jünger, die meinen, sich mit ihnen zu beschäftigen sei Zeitverschwendung. Jesus umarmt die Kinder. Er schafft einen Schutzraum für die Kinder und er zeigt ihnen seine Liebe. Er legt ihnen die Hände auf. Gottes Segen möge in sie einströmen, dass sie sich von Gottes Liebe durchdrungen wissen. Und er segnet sie. Er spricht gute Worte zu ihnen. Was Jesus getan hat, sollen wir an unseren Kindern weiter tun. Gerade heute, wo schon die Kinder in unsere Leistungsgesellschaft hineingezwängt werden, sehnen sie sich nach Menschen, die sie segnen und umarmen.

Diese drei Bilder sollen wir aber auch vor Augen haben, wenn wir andere Menschen segnen. Wir können Menschen segnen, mit denen wir arbeiten, indem wir die Hände zum Segen erheben und den Segen Gottes zu ihnen strömen lassen. Dann können wir diese drei Bilder mit unserem Segen verbinden. Wir stellen uns vor, dass Gottes Segen den anderen Menschen wie ein schützender Mantel umgibt. Wir stellen uns vor, wie der Segen den Menschen durchdringt, sodass er in Einklang kommt mit sich selbst. Und wir verbinden mit unserem Segen gute Worte, legen unser Wohlwollen hinein und unsere guten Gefühle. Wenn wir so andere Menschen segnen, werden wir ihnen anders begegnen. Und wir dürfen vertrauen, dass der Segen auch diese Menschen verwandelt.

(Jesus sprach:) „Das Brot, das ich geben werde, ist mein Fleisch, ich gebe es hin für das Leben der Welt." Da stritten sich die Juden und sagten: „Wie kann er uns sein Fleisch zu essen geben?" Jesus sagte zu ihnen: „Amen, amen, das sage ich euch: Wenn ihr das Fleisch des Menschensohnes nicht esst und sein Blut nicht trinkt, habt ihr das Leben nicht in euch. Wer mein Fleisch isst und mein Blut trinkt, hat das ewige Leben, und ich werde ihn auferwecken am Letzten Tag." (Joh 6,51–54)

Was bedeutet: Mein Fleisch, mein Blut?

Manche stoßen sich an diesen Worten Jesu und meinen, es sei eine kannibalische Sprache. Auch die im Text erwähnten Juden streiten darüber. „Die Juden" sind im Johannesevangelium immer ein Bild für uns selbst. Sie drücken die Zweifel aus, die die Leser und Leserinnen des Johannesevangeliums bedrücken, wenn sie die Worte Jesu hören. Katholische Leser und Leserinnen sehen in diesen Worten Jesu eine Darstellung der Eucharistie. Sicherlich deuten diese Worte Jesu das Geheimnis der Eucharistie. Doch zunächst müssen wir sehen, dass es Jesus in diesem Wort um die Frage nach Leben und Tod geht. Das Fleisch, das uns Jesus gibt, verweist uns auf seine Hingabe am Kreuz. Jesus stirbt für uns, damit wir nicht mehr sterben, sondern das ewige Leben haben. „Fleisch" ist im Johannesevangelium Symbol für den konkreten, hinfälligen, der Gewalt anderer ausgelieferten Menschen. Das Evangelium sagt also: In diesem Fleisch leuchtet uns Gottes Herrlichkeit auf. Die Herrlichkeit

Gottes ist die Liebe, die über die Schwachheit des Fleisches und über die Gewalt, die ihm angetan wird, siegt. Wir nehmen im Fleisch Jesu seine Liebe in uns auf. Jesus gibt sich für uns hin, damit wir aus dieser Hingabe leben können.

Eucharistie – ein Weg der Integration

Jesus spricht in diesen Worten freilich auch leibhaft vom Essen und Trinken. Essen und Trinken sind in der Traumsprache ein Weg der Integration. In der Eucharistie begegnen wir Jesus, der für uns gestorben und auferstanden ist, leibhaftig. Wir sollen seine Essenz, d. h. seine Tugenden, seine Liebe, seinen Geist, seine göttliche Kraft in uns aufnehmen, sie ganz und gar in uns integrieren, sodass wir wie Jesus denken und fühlen und handeln. Johannes spricht hier nicht nur von „essen", sondern auch von „kauen" = „trogein". Das Kauen war für die alten Mönche ein Bild für die Meditation. Es geht dabei nicht um etwas Kannibalisches, sondern darum, dass wir das Wort Jesu und seine Liebe immer wieder kauen und so also in unseren Leib und unsere Seele hinein integrieren. Das bedeutet: Wenn wir das tun, haben wir jetzt schon ewiges Leben. Das Bild des ewigen Lebens meint nicht nur das Leben, das uns nach dem Tod erwartet. Es ist vielmehr wirkliches Leben. Und das Bild des ewigen Lebens entspricht bei Johannes dem, was bei Markus oder Lukas „Reich Gottes" heißt. Eucharistie bedeutet, dass wir das Wort und das Wesen Jesu, seine Liebe und seine Barmherzigkeit so tief in uns aufnehmen, dass Gott in uns herrscht und nicht mehr die Welt. Wir werden wohl nie ganz erfassen, was Jesus mit diesen Worten ausgedrückt hat. Er möchte uns einführen in das Geheimnis, dass wir ganz und gar eins werden dürfen mit ihm.

Was „Brot des Lebens“ heißt

Aber das ist eben nicht nur eine mystische Erfahrung, sondern auch eine Aufforderung, den Menschen auf neue Weise zu begegnen, ihnen so zu begegnen, wie Jesus selbst es getan hat. Jesus – so sagt das Wort vom Brot des Lebens – ist den Menschen so begegnet, dass er sie genährt hat. Die Menschen hatten das Gefühl, dass von Jesus etwas ausgeht, das wie ein Brot ist, das uns stärkt, etwas Nahrhaftes, von dem wir leben können. Die Frage ist, wie wir den Menschen so begegnen können, dass sie auch sagen: „Das war ein gutes Gespräch. Davon kann ich jetzt leben. Das hilft mir weiter. Das ist wie Nahrung für meine Seele.“

Was die Gemeinde trägt

Gebt acht auf euch und auf die ganze Herde, in der euch der Heilige Geist zu Bischöfen bestellt hat, damit ihr als Hirten für die Kirche Gottes sorgt, die er sich durch das Blut seines eigenen Sohnes erworben hat. Ich weiß: Nach meinem Weggang werden reißende Wölfe bei euch eindringen und die Herde nicht schonen. Und selbst aus eurer Mitte werden Männer auftreten, die mit ihren falschen Reden die Jünger auf ihre Seite ziehen. Seid also wachsam, und denkt daran, dass ich drei Jahre lang Tag und Nacht nicht aufgehört habe, unter Tränen jeden Einzelnen zu ermahnen. Und jetzt vertraue ich euch Gott und dem Wort seiner Gnade an, das die Kraft hat, aufzubauen und das Erbe in der Gemeinschaft der Geheiligten zu verleihen. Silber oder Gold oder Kleider habe ich von keinem verlangt; ihr wisst selbst, dass für meinen Unterhalt und den meiner Begleiter diese Hände hier gearbeitet haben. In allem habe ich euch gezeigt, dass man sich auf diese Weise abmühen und sich der Schwachen annehmen soll, in Erinnerung an die Worte Jesu, des Herrn, der selbst gesagt hat: Geben ist seliger als nehmen. (Apg 20,28–35)

Achtsam sein auf Gottes Wort

Lukas erzählt uns in der Apostelgeschichte die Abschiedsrede des Paulus gegenüber den Abgeordneten der Gemeinde von Ephesus, die er nach Milet zitiert hat. Die Gemeinde von Ephesus bestand aus Heidenchristen. So passt Lukas den Stil der Rede des Paulus an die griechisch gebildeten Menschen dieser Gemeinde an. Das beginnt schon mit dem ersten Wort, das er den Verantwortlichen in der Gemeinde zuruft: „Habt acht auf euch selbst!“ Das ist ein typisch lukanischer Aus-

Gegenseitiger Dienst

Es gibt verschiedene Gnadengaben, aber nur den einen Geist. Es gibt verschiedene Dienste, aber nur den einen Herrn. Es gibt verschiedene Kräfte, die wirken, aber nur den einen Gott: Er bewirkt alles in allen. Jedem aber wird die Offenbarung des Geistes geschenkt, damit sie anderen nützt. Dem einen wird vom Geist die Gabe geschenkt, Weisheit mitzuteilen, dem andern durch den gleichen Geist die Gabe, Erkenntnis zu vermitteln, dem Dritten im gleichen Geist Glaubenskraft, einem andern – immer in dem einen Geist – die Gabe, Krankheiten zu heilen, einem andern Wunderkräfte, einem andern prophetisches Reden, einem andern die Fähigkeit, die Geister zu unterscheiden, wieder einem andern verschiedene Arten von Zungenrede, einem andern schließlich die Gabe, sie zu deuten. Das alles bewirkt ein und derselbe Geist; einem jeden teilt er seine besondere Gabe zu, wie er will. (1 Kor 12,4–11)

Charismen: Geistesgaben für den Gemeindeaufbau

Der Geist, von dem bei Paulus die Rede ist, ist ein Charisma: also eine Gabe, die Gott den Menschen schenkt. Gottes Geist belebt ihn, bringt ihn in Berührung mit seinem eigenen Geist, mit seiner Kreativität, mit dem Potenzial seiner Seele. Der Geist Gottes schafft in uns ein neues Bewusstsein. Und in diesem neuen Bewusstsein kommen wir dann in Berührung mit den Fähigkeiten, die Gott uns geschenkt hat. Doch für Paulus ist entscheidend, dass die Gnadengaben für die anderen eingesetzt werden, dass sie also der Gemeinde dienen, ihr nützen.

Paulus betont, dass alle Gnadengaben von dem *einen* Geist geschenkt werden. Zunächst spricht Paulus von drei verschiedenen Gaben, die er jeweils einer der drei göttlichen Personen zuordnet: die Charismen, die Geistesgaben, ordnet er dem Geist zu; den Dienst (die Diakonie) Jesus Christus, der von sich gesagt hat, dass er gekommen ist, „zu dienen und sein Leben hinzugeben als Lösegeld für viele“ (Mk 10,45); die „Kräfte“ oder „Krafttaten“ bezieht Paulus auf den Vater. Gott ist es, der alles in allen bewirkt. Gott ist der letzte Ursprung all dieser Gaben. Das Ziel der Gaben ist, dass sie dazu beitragen, die Gemeinde aufzubauen. Damit kritisiert Paulus die Korinther, die stolz waren auf die vielen charismatischen und ekstatischen Gaben, die unter ihnen offensichtlich lebendig waren.

Im Dienst der Menschen

Die Gabe der Weisheit beschreibt Paulus als die Fähigkeit, die Botschaft Jesu so zu verkünden, dass sie die Weisheit der Seele in jedem Menschen anspricht. In der Gabe der Erkenntnis (*gnosis*) klingt die griechische Sehnsucht nach tieferer Erkenntnis mit. „Gnosis“ meint ja die Sehnsucht, auf den Grund allen Seins zu schauen. Die nächsten beiden Gaben werden vom Apostel dem wunderwirkenden Glauben zugeordnet: die Gabe, Kranke zu heilen, gibt Gott nicht nur den Ärzten, sondern auch normalen Christen, die durch ihre liebende Zuwendung fähig werden, die Wunden anderer zu heilen. Die Gabe des Exorzismus, d. h. Dämonen auszutreiben, ist die Fähigkeit, reine und unreine Geister zu unterscheiden und im Gespräch den Menschen zu helfen, sich von Gedanken zu verabschieden, die ihr Denken trüben: wie zwanghafte Gedanken, wie fixe Ideen, wie neurotische Lebensmuster. Und dann spricht Paulus von zwei Gaben, denen jeweils die Gabe, zu deuten und zu erklären, beigeordnet wird: Die prophetische Rede entspringt einer tieferen Einsicht in den verborgenen Heilsplan Gottes. Sie muss aber auch in die konkrete Situation der Gemeinde hinein gedeutet werden und fragen: Was will Gott uns heute sagen? Und schließlich die Zungenrede, die Glossolalie, die in Korinth weit verbreitet war. Auch sie muss gedeutet werden. Sonst bleibt sie unverständlich.

Heute dem Wirken des Geistes trauen

Wenn wir die Theologie des hl. Paulus ernst nehmen, so dürfen wir auch heute dem Wirken des Geistes trauen. Er zeigt sich nicht so sehr in außergewöhnlichen Gaben, sondern in ganz alltäglichen Gaben wie Weisheit und Erkenntnis, in der Gabe, heilsam für andere zu sein, oder in der Gabe, reinigend und klärend auf andere einzuwirken. Es geht auch heute nicht darum, sich mit seiner Begabung über andere zu stellen, sondern seine Begabung als Geschenk von Gottes Geist dankbar anzunehmen und sie in den Dienst der Menschen zu stellen. Ob es der Leiter einer Pfarrgemeinde ist oder ein Abteilungsleiter in einer Firma, es geht darum, dass wir den Menschen zutrauen, dass sie ihre je eigene Gabe haben. Die Kunst des Führens bestünde darin, die persönlichen Gaben und Fähigkeiten in den Mitarbeitern und den Mitgliedern der Gemeinde zu entdecken und sie zu fördern. Damit erweisen wir den Menschen einen Dienst. Wir wecken in ihnen Leben, sodass sie sich lebendiger fühlen. Und wir dienen damit der Gemeinschaft, die durch die Gaben ihrer Mitglieder bereichert wird.

Kein Zwiespalt untereinander

Das alles kommt von Gott, der uns durch Christus mit sich versöhnt und uns den Dienst der Versöhnung aufgetragen hat. Ja, Gott war es, der in Christus die Welt mit sich versöhnt hat, indem er den Menschen ihre Verfehlungen nicht anrechnete und uns das Wort von der Versöhnung anvertraute. Wir sind also Gesandte an Christi statt, und Gott ist es, der durch uns mahnt. Wir bitten an Christi statt: Lasst euch mit Gott versöhnen! Er hat den, der keine Sünde kannte, für uns zur Sünde gemacht, damit wir in ihm Gerechtigkeit Gottes würden. (2 Kor 5,18–21)

Der wunderbare Tausch

Das griechische Wort für Versöhnung, „katallage“, heißt ursprünglich: „vertauschen, verändern, anders machen“, und davon abgeleitet: „einen unseligen Zustand zum Besseren hin ändern, Feindschaft gegen Freundschaft austauschen, Krieg durch Frieden ersetzen“. Gott hat im Tod und der Auferstehung seines Sohnes den Zustand des Zwiespalts zwischen Gott und Mensch, der durch die Sünde entstanden ist, in den Zustand von Gemeinschaft verwandelt. Der Zwiespalt zwischen Gott und Mensch ist aufgehoben. Gott rechnet uns unsere Sünden nicht mehr an. Er hat im Tod Jesu einen wunderbaren Tausch vollzogen: Christus wurde für uns zur Sünde, und wir wurden vor Gott zu Gerechten.

Verkündigung als Bitte

Paulus spricht hier nicht von Sühne und auch nicht von der Notwendigkeit des Todes Jesu, damit Gott unsere Sünden vergibt. Am Bild des Kreuzes hat Paulus erkannt, dass Gott uns mit sich versöhnt hat. Und diese Versöhnung den Menschen zu verkünden, hat Gott nun dem Paulus aufgetragen, aber auch allen Christen. Allerdings bedeutet dieser Auftrag auch, dass die Gemeinde in Korinth selbst sich versöhnt untereinander, aber auch mit Paulus, mit dem sie in einen heftigen Konflikt geraten war. Die Versöhnung, die Gott bewirkt hat, soll wirksam wurden durch die Verkündigung. Das Wort der Verkündigung ist also notwendig, damit wir die Versöhnung erfahren. Die Verkündigung kann allerdings nicht autoritär oder dogmatisch geschehen, indem wir den Zuhörern eine Wahrheit eintrichtern. Sie kann nur als Bitte geschehen: „Wir bitten an Christi statt: Lasst euch mit Gott versöhnen!“ (2 Kor 5,20). Nehmt das an, was Gott am Kreuz Jesu für uns getan hat, nämlich dass er – wie es Martin Luther formuliert – einen „fröhlichen Tausch“ vollzogen hat, dass er die Sünde von uns genommen und uns die Gerechtigkeit geschenkt hat.

Eine Mahnung an uns

Die Worte aus dem 2. Korintherbrief sind eine Mahnung an uns heute, dass unsere Sprache eine versöhnende ist und keine spaltende. Christen, die die Welt in gut und schlecht einteilen, die meinen, sie allein hätten die Wahrheit als Besitz, spalten mit ihrer Sprache die Gesellschaft, auch wenn ihre Worte noch so fromm klingen. Manche Prediger gehen davon, dass alle, die nicht bereit sind, das Kreuz Jesu als Sühneopfer für ihre Sünden anzunehmen, verdammt sind. Damit verfälschen sie die Botschaft von der Versöhnung und spalten die Menschen in Versöhnte und Unversöhnte, in Gerechte und Ungerechte. Sie selbst stellen sich auf die Seite der Gerechten und halten alle anderen für ungerecht. Damit widersprechen sie der Botschaft des hl. Paulus. Paulus fordert uns auf, an Christi statt die Menschen zu bitten, sich versöhnen zu lassen mit Gott. Denn Gott hat uns das Angebot der Versöhnung gemacht in seinem Sohn Jesus Christus. Er hat unsere Sünde gleichsam ihm aufgeladen, damit wir davon frei sind. Das aber verlangt, dass wir bereit sind, uns auch untereinander zu versöhnen. Wir können nicht die Versöhnung predigen, ohne selbst miteinander versöhnt zu sein.

Die Kraft der Versöhnung

Erinnert euch also, dass ihr einst Heiden wart und von denen, die äußerlich beschnitten sind, Unbeschnittene genannt wurdet. Damals wart ihr von Christus getrennt, der Gemeinde Israels fremd und von dem Bund der Verheißung ausgeschlossen; ihr hattet keine Hoffnung und lebtet ohne Gott in der Welt. Jetzt aber seid ihr, die ihr einst in der Ferne wart, durch Christus Jesus, nämlich durch sein Blut, in die Nähe gekommen. Denn er ist unser Friede. Er vereinigte die beiden Teile (Juden und Heiden) und riss durch sein Sterben die trennende Wand der Feindschaft nieder. Er hob das Gesetz samt seinen Geboten und Forderungen auf, um die zwei in seiner Person zu dem einen neuen Menschen zu machen. Er stiftete Frieden und versöhnte die beiden durch das Kreuz mit Gott in einem einzigen Leib. (Eph 2,11–16)

Der Epheserbrief richtet sich an die Heiden, die keine Beziehung hatten zu dem Heil, das Israel verheißen war. Daher waren sie ohne Hoffnung. Das ist der Unterschied zwischen dem Leben des Christen und dem der Heiden. Die Heiden sind nicht nur die damaligen Menschen, sondern wir selbst, wenn wir ohne Gott leben. Wenn wir nur so dahinleben, leben wir ohne Hoffnung. Dann wird unser Leben banal und ohne Schwung.

Christi Liebe hebt alle Trennung auf

Der Grund, warum die Heiden jetzt Hoffnung finden, ist das Geheimnis des Kreuzes. Der Epheserbrief spricht nicht vom Kreuz als Sühne. Vielmehr bewirkt das Kreuz, dass die Menschen miteinander verbunden werden, dass Juden und Heiden zu einem einzigen Leib werden. Die Heiden, die weit weg waren von sich selbst, die sich selbst entfremdet waren, sind sich durch Christus nahe gekommen. Der Epheserbrief spricht von dem Blut Christi, das diese Nähe bewirkt hat. Wie kann man das verstehen? Das Blut steht immer für die Liebe, mit der er sich am Kreuz für uns hingegeben hat. Und diese Liebe führt Menschen, die weit weg sind von ihrem eigenen Herzen, nahe an sich heran. Sie bringt sie in Berührung mit ihrem wahren Selbst. Und die Liebe Jesu reißt am Kreuz die trennende Wand des Gesetzes nieder und verschafft den Heiden Zugang zu der Gemeinde, der die Verheißungen Israels gelten, zur Gemeinde der Kirche. Diese Liebe bringt es fertig, aus Juden und Heiden einen einzigen Leib zu schaffen, die Gemeinschaft der Kirche. Und das Wesen der Menschen in der Kirche ist, dass sie neue Menschen geworden sind. So sagt der Epheserbrief, dass Jesus Juden und Heiden in seiner Person zu einem neuen Menschen macht.

Eins sein mit allen Menschen

Es sind also sehr optimistische Aussagen über das Kreuz und über Jesus Christus. Jesus Christus stiftet am Kreuz Frieden und versöhnt alle Menschen miteinander. Hier wird die Versöhnung durch das Kreuz also nicht auf Gott bezogen. Gott muss nicht versöhnt werden, sondern die Menschen sollen miteinander versöhnt werden. Darin zeigt sich die erlösende Kraft der Liebe Jesu Christi, dass sie mitten in der Welt eine neue Gemeinschaft schafft, eine Gemeinschaft aus Juden und Heiden, aus Glaubenden und Ungläubigen. Wer auf diese Liebe Jesu am Kreuz schaut, für den fallen alle Trennwände zusammen. Er fühlt sich eins mit Gott und in Jesus Christus eins mit allen Menschen.

Wie Feindschaft aufgehoben wird

Die Frage ist aktueller denn je, wie die Feindschaft zwischen verschiedenen Religionen und Kulturen aufgehoben werden kann, wie Frieden entstehen kann mitten in einer Zeit der ständig neu aufflammenden Kriege und des Religionsterrors. Im Epheserbrief heißt es, dass Jesus in seiner Person die Feindschaft getötet hat. Indem er sich in seinem Tod, den er durch die Römer erlitten hat, nicht voller Hass gegen die Feinde gewandt hat, hat er durch seine Liebe, die stärker war als der Tod, die Feindschaft getötet. Das Kreuz ist hier vor allem ein Friedenszeichen, das nicht nur Juden und Heiden verbindet, sondern heute auch Christen und Moslems, Christen und Atheisten. Das Kreuz umspannt die ganze Welt. Es versöhnt alle Menschen, die in der Welt sind und die so verschiedene Meinungen und gegensätzliche Interessen haben. Die Liebe vermag die Feindschaft zu überwinden und die Ferne in Nähe zu verwandeln. Das Kreuz gibt auch uns heute die Hoffnung, dass die Feindschaft zwischen den Völkern überwunden wird, dass die gegenseitigen Verurteilungen aufhören und Frieden entsteht: Frieden den Fernen und Frieden den Nahen.

Was die Gemeinschaft zusammenhält

Ziehet also an als Gottes Erwählte, Heilige, Geliebte herzliches Erbarmen, Güte, Demut, Milde, Geduld! Ertragt einander und vergebt einander, wenn einer gegen den andern eine Beschwerde hat. Wie der Herr euch vergeben hat, so vergebt auch ihr. Über diesen allen aber die Liebe, die das Band der Vollkommenheit ist. (Kol 3,12–14; Übersetzung von Joachim Gnilka)

Fünf Haltungen, die Gemeinde stiften

Der Kolosserbrief – wohl von einem Schüler des hl. Paulus verfasst – nennt uns Christen Gottes Erwählte, Heilige und Geliebte. Er zählt also zuerst auf, was wir sind: Wir sind bedingungslos geliebt. Aus diesem Sein folgen dann fünf Haltungen, die wir leben sollen, damit wir Gemeinde Christi werden. Der Autor meint, wir sollten diese Haltungen wie ein Kleid anziehen. Die fünf Haltungen sollen also den Leib und die Seele zieren, und über diesen Haltungen ist die Liebe gleichsam das Obergewand, das Band, das alles zusammenhält und vollkommen macht. Die fünf Haltungen, die den Christen ausmachen sollen, sind: 1. herzliches Erbarmen. Hier gebraucht der Brief einen eigenartigen Ausdruck: „splagchna oiktirmou". *Splagchna* sind die Eingeweide, also der Ort der verwundbaren Gefühle, und *oiktirmos* meint das Mitfühlen. Beides gehört zusammen: Ich bleibe verwundbar für die Menschen. Ich lasse sie in mein Inneres eintreten. Und ich fühle mit ihnen. Indem ich mit dem anderen fühle, fühle ich mich auch verbunden mit ihm, fühle mich ihm zugehörig. Und das tut auch mir selbst gut.

2. Güte: Sie glaubt an das Gute im anderen Menschen und lockt daher das Gute in ihm hervor. 3. Demut: Sie ist der Mut, hinabzusteigen in die eigene Menschlichkeit mit ihren Fehlern und Schwächen, sich mit seiner Fehlerhaftigkeit anzunehmen und sich als Mensch zu fühlen gegenüber Gott, dem Schöpfer des Alls. 4. Sanftmut oder Milde: Sie geht milde und sanft mit sich selbst und mit den Menschen um. Sie überfordert die anderen nicht mit rigorosen Forderungen. 5. Geduld: Im Griechischen steht hier: *makrothymia*, Langmut oder auch: weiter Mut, weites Herz. Das weite Herz ist die Bedingung, mit anderen Menschen gut zusammenzuleben. Dass diese fünf Haltungen uns wie ein Kleid umhüllen, ist also die Bedingung dafür, dass das Miteinander gelingt.

Liebe macht uns ganz

Und dann nennt der Autor – in einem Bild voller Hoffnung – die Liebe ein Band, das alles Widerstrebende und Spaltende in uns zusammenhält und ganz macht. Wir fühlen uns ja oft hin und her gerissen zwischen den verschiedenen Strebungen und Bedürfnissen in uns. Die Liebe aber macht uns vollkommen (*teleios*), das meint: „ganz“. Sie verbindet in uns, was auseinanderstrebt. Diese verbindende Kraft hat die Liebe auch für das Miteinander in der Partnerschaft, in der Familie, in der Firma, in der kirchlichen Gemeinde. Denn nur die Liebe ist fähig, all das Unterschiedliche und sich gegenseitig Bekämpfende in uns zusammenzubinden und ganz zu machen. Und die Liebe kann auch in der Gemeinschaft das zusammenhalten, was auseinanderstrebt.

Eine Ermutigung für uns

Der Text will uns ermutigen, dass diese Liebe schon in uns ist. Wir können sie entdecken, wenn wir in den Grund unserer Seele gehen und uns vorstellen: Dort strömt in mir eine Quelle der Liebe. Dann lasse ich diese Liebe zu den Menschen strömen, mit denen ich zusammenlebe, gerade auch zu denen, mit denen ich mich schwertue. Dann kann ich erahnen, dass die Liebe alle Gegensätze überbrückt, dass sie wie ein Band ist, das alle zusammenhält, ein Band, das stärker ist als die Differenzen, die uns voneinander trennen. Wenn ich das meditiere, sehe ich mit einem anderen Blick auf die Mitmenschen. Es ist ein Blick, der uns miteinander verbindet, anstatt zu trennen.

Das ideale Miteinander

Alle wurden von Furcht ergriffen; denn durch die Apostel geschahen viele Wunder und Zeichen. Und alle, die gläubig geworden waren, bildeten eine Gemeinschaft und hatten alles gemeinsam. Sie verkauften Hab und Gut und gaben davon allen, jedem so viel, wie er nötig hatte. Tag für Tag verharrten sie einmütig im Tempel, brachen in ihren Häusern das Brot und hielten miteinander Mahl in Freude und Einfalt des Herzens. Sie lobten Gott und waren beim ganzen Volk beliebt. Und der Herr fügte täglich ihrer Gemeinschaft die hinzu, die gerettet werden sollten. (Apg 2,43–47)

Ein Hoffnungsbild

Lukas zeichnet ein Idealbild der frühen Christen. Es ist nicht nur ein nach rückwärts gerichtetes Bild, so als ob früher alles besser gewesen wäre. Vielmehr ist es ein Hoffnungsbild. Jedem Anfang wohnt ein Zauber inne, sagt Hermann Hesse. Der Zauber der frühen Gemeinde war, dass sie alles gemeinsam hatten und, wie Lukas später schreibt, dass sie ein Herz und eine Seele waren (Apg 4,32). Die Gemeinschaft übte offensichtlich eine große Faszination auf das gesellschaftliche Umfeld aus. Lukas schildert ein Idealbild, das sowohl Juden wie Griechen ansprach. Diese Gemeinschaft war nicht nur dadurch geprägt, dass sie alles gemeinsam hatten, sondern auch durch das tägliche Gebet im Tempel. Das Gebet war „einmütig". Es band die verschiedenen Menschen zu einer Einheit zusammen: Juden und Griechen, Männer und Frauen, Reiche und Arme, Junge und Alte. Das war für Lukas ein Zeichen dafür, dass das Reich Gottes schon gekommen war. In einem neuen Miteinander wurde es sichtbar.

Ein wichtiges Ideal: Freude und Einfalt

Die frühen Christen brachen in ihren Häusern das Brot, d. h. sie feierten Eucharistie miteinander. Dabei erinnerten sie sich an die Mahlzeiten, die Jesus mit seinen Jüngern, aber auch mit Zöllnern und Sündern gehalten hatte. So feierten sie das Mahl in Freude und Einfalt des Herzens. Einfalt des Herzens war für die stoische Philosophie ein wichtiges Ideal. Es meint den Menschen, der keine Nebenabsichten hat, der in sich rein und klar ist, nicht hin und hergerissen, sondern eins mit sich selbst. Und die Gemeinde lobte Gott. Ihr Gebet war in erster Linie Lob Gottes. Sie priesen Gott für all das, was er ihnen in Jesus Christus getan hatte. Die Art und Weise, wie die frühen Christen miteinander lebten und beteten, machte sie beim ganzen Volk beliebt.

Herausforderung für heute

Die Schilderung der ersten Gemeinde in Jerusalem ist eine Herausforderung für uns heute: Können wir unseren Glauben gemeinsam so leben, dass die Menschen davon fasziniert sind? Was könnte uns helfen, unseren Glauben so zu leben, dass er andere Menschen anzieht? Es geht nicht darum, auf die Straße zu gehen und zu missionieren. Aber wenn wir Gottesdienst feiern, sollten wir uns vorstellen, dass wir jetzt im Gebet eins werden mit all den Menschen, die mit uns in der Kirche sind. Und wir sollen innerlich diese Einheit bejahen. Dann werden wir auch, wenn wir aus der Kirche treten, anders miteinander umgehen. Und dieser Umgang wird auch von der Umwelt wahrgenommen. Wir dürfen vertrauen, dass die Art und Weise, wie wir heute als Christen miteinander leben, wie ein Sauerteig wirkt, der langsam die Gesellschaft durchdringt und verwandelt.

Von der Kraft des Gebets

Für den Evangelisten Lukas war Jesus das Urbild des Beters. Kein Evangelist schreibt so oft vom Gebet Jesu wie er. Offensichtlich hat Jesus das Gebet als den Ort erlebt, an dem er seinem Vater besonders nahe sein konnte. Und er hat sein Gebet als Kraftquelle erfahren, die es ihm ermöglichte, unermüdlich für die Menschen da zu sein, sich durch die Enttäuschung über seine oft unverständigen Jünger nicht niederdrücken zu lassen, sondern immer wieder neu auf die Menschen zuzugehen, sie aufzurichten, ihre Krankheiten zu heilen und ihnen die Frohe Botschaft vom Reich Gottes zu verkünden.

Schon die Evangelien erzählen uns, dass die Jünger Jesus darum gebeten haben, sie zu lehren, wie sie beten sollen. Lukas, der das Gebet Jesu so betont hat, hat dann auch in der Apostelgeschichte immer wieder davon geschrieben, dass die Jünger zum Beten zusammengekommen sind. Lukas erzählt dabei gerne vom gemeinsamen Gebet. Nach der Himmelfahrt Jesu kommen die Jünger im Obergemach zusammen: „Sie alle verharrten dort einmütig im Gebet, zusammen mit den Frauen und mit Maria, der Mutter Jesu, und mit seinen Brüdern" (Apg 1,14). Das Gebet verbindet die Jünger miteinander. Im Evangelium wird deutlich, dass es zwischen der Familie und den Jüngern durchaus Spannungen gab. Aber im Gebet werden diese Spannungen aufgehoben. Alle beten einmütig miteinander. Das Gebet ist das einigende Band, das sie zusammenhält. Und das Gebet gibt ihnen die Kraft, die Botschaft Jesu trotz aller Verfolgung in die ganze Welt hinauszutragen.

Heute klagen viele Menschen, dass sie nicht mehr beten können oder nicht wissen, wie sie beten sollen. Daher ist es gut, in die Schule des Evangeliums zu gehen und Jesus selbst zu befragen, wie wir beten können. Und es ist gut, auf die Erfahrungen der christlichen Gemeinden mit dem Gebet zu schauen, wie sie uns in der Apostelgeschichte und in den Briefen begegnen. Die Begegnung mit den biblischen Texten möchte uns helfen, heute einen guten Weg zu finden, zu beten und im Gebet die Quelle zu entdecken, aus der wir mitten im Alltag schöpfen können, ohne erschöpft zu werden.

Einigen, die von ihrer eigenen Gerechtigkeit überzeugt waren und die anderen verachteten, erzählte Jesus dieses Beispiel: Zwei Männer gingen zum Tempel hinauf, um zu beten; der eine war ein Pharisäer, der andere ein Zöllner. Der Pharisäer stellte sich hin und sprach leise dieses Gebet: Gott, ich danke dir, dass ich nicht wie die anderen Menschen bin, die Räuber, Betrüger, Ehebrecher oder auch wie dieser Zöllner dort. Ich faste zweimal in der Woche und gebe dem Tempel den zehnten Teil meines ganzen Einkommens. Der Zöllner aber blieb ganz hinten stehen und wagte nicht einmal, seine Augen zum Himmel zu erheben, sondern schlug sich an die Brust und betete: Gott, sei mir Sünder gnädig! Ich sage euch: Dieser kehrte als Gerechter nach Hause zurück, der andere nicht. Denn wer sich selbst erhöht, wird erniedrigt, wer sich aber selbst erniedrigt, wird erhöht werden. (Lk 18,9–14)

Gebet ist ehrliche Begegnung mit Gott

In dieser Beispielserzählung warnt uns Lukas vor einer Gefahr, der viele auf ihrem spirituellen Weg erliegen. Sie beten, um sich über andere zu stellen, die nicht beten. Sie missbrauchen ihren spirituellen Weg, um sich als etwas Besonderes vorzukommen und sich über andere zu erheben. Jesus zeigt uns, worum es im Beten wirklich geht: um die ehrliche Begegnung mit Gott. Und in dieser ehrlichen Begegnung begegnen wir uns auch selbst in unserer Brüchigkeit und in unserem Zurückbleiben hinter dem, was wir eigentlich vor Gott sein sollten. Die negative Form des Betens zeigt uns Jesus am Beispiel des Pharisäers.

Keine fruchtlose Selbstbespiegelung

Das Gebet des Pharisäers ist letztlich Selbstbespiegelung. Er kreist nur um sich selbst und benutzt Gott dazu, sich selbst ins rechte Licht zu stellen. Es geht ihm nicht um Gott, sondern um die eigene Selbstgerechtigkeit. Im Griechischen heißt es wörtlich: „Er betete zu sich selbst." Er benutzt zwar die Worte „Gott, ich danke dir, dass ich nicht wie die anderen Menschen bin." (18,11) Doch eigentlich bleibt er beim Beten bei sich. Er dankt Gott nicht für das, was er ihm geschenkt hat. Vielmehr dankt er Gott, dass er selbst ein so frommer Mensch ist. Er schaut nicht auf zu Gott, sondern nur auf sich selbst. Viele Frommen meinen, sie würden zu Gott beten. Aber sie bleiben bei sich. Sie beten zu sich selbst. Sie beten sich selbst an. Sie missbrauchen das Gebet, um ihre eigene Größe darzustellen, um sich vor Gott und vor den Menschen ins rechte Licht zu rücken. Der Zöllner dagegen spürt seinen Abstand zu Gott. Und er erkennt vor Gott, wer er in Wirklichkeit ist. So schlägt er sich an die Brust und betet: „Gott, sei mir Sünder gnädig!" (18,13) Jesus gibt nun selbst seinen Kommentar zu diesen beiden Weisen des Betens. Der Zöllner geht aus seinem Gebet als Gerechter nach Hause. Er hat vor Gott seine eigene Wahrheit erkannt und sie ihm voll Reue hingehalten. Er ist in der Begegnung mit Gott gerecht geworden, d. h. er ist ausgerichtet worden auf Gott hin. Der Pharisäer dagegen hat Gott nur für seine eigene Selbstdarstellung benutzt. Sein Leben ist nicht auf Gott ausgerichtet, sondern nur auf sich selbst. Es trägt keine Frucht. Wenn wir beten, können wir uns ja fragen, ob wir uns mehr wie der Zöllner vor Gott fühlen oder wie der Pharisäer, ob wir unser Gebet auch dazu benutzen, uns über andere zu stellen, weil wir ja spirituеller sind als die vielen oberflächlichen Leute. Jesus will uns ermutigen, uns wie der Zöllner zu fühlen, demütig, aber zugleich voller Vertrauen darauf, dass Gottes Barmherzigkeit uns aufrichtet.

Nicht nachlassen

Jesus sagte ihnen durch ein Gleichnis, dass sie allezeit beten und darin nicht nachlassen sollten: In einer Stadt lebte ein Richter, der Gott nicht fürchtete und auf keinen Menschen Rücksicht nahm. In der gleichen Stadt lebte auch eine Witwe, die immer wieder zu ihm kam und sagte: Verschaff mir Recht gegen meinen Feind! Lange wollte er nichts davon wissen. Dann aber sagte er sich: Ich fürchte zwar Gott nicht und nehme auch auf keinen Menschen Rücksicht; trotzdem will ich dieser Witwe zu ihrem Recht verhelfen, denn sie lässt mich nicht in Ruhe. Sonst kommt sie am Ende noch und schlägt mich ins Gesicht. Und der Herr fügte hinzu: Bedenkt, was der ungerechte Richter sagt. Sollte Gott seinen Auserwählten, die Tag und Nacht zu ihm schreien, nicht zu ihrem Recht verhelfen, sondern zögern? Ich sage euch: Er wird ihnen unverzüglich ihr Recht verschaffen. (Lk 18,1–8)

Wo wir das Recht auf Leben erfahren

Die Witwe in diesem Gleichnis Jesu steht für einen Menschen, der allein auf sich gestellt ist. Wir fühlen uns oft so schutzlos und hilflos wie die Witwe. Sie hat keinen, der sie schützen könnte. Sie hat keine Chance, dass sie frei wird von der Bedrängnis durch einen Feind. Der Richter, der ihr eigentlich Recht verschaffen sollte, hat keine Lust dazu. Doch die Witwe lässt nicht locker. Sie geht immer wieder zum Richter. Und der überlegt auf einmal, ob diese Witwe ihm nicht eines Tages ins Gesicht schlagen wird. Im Griechischen heißt es hier: dass sie ihm ein Auge blau schlägt. Und mit einem blauen Auge möchte er doch nicht herumlaufen. Also verschafft er der Witwe Recht. Das ist ein Bild für unser Beten. Wenn wir nicht nachlassen zu beten, wird Gott uns Recht verschaffen. Aber dieses Recht ist nicht äußerlich zu sehen. Vielmehr führt uns das Gebet in den inneren Raum der Stille. Dort kann uns kein Feind bedrängen oder verletzen. Dort erfahren wir das Recht auf Leben.

Wir dürfen frei sein und groß von uns denken

Man kann das Gleichnis aber auch noch anders auslegen. Die Frau ist in den Mythen oft ein Bild für die Seele. „Seele" meint unsere innere Ahnung, dass wir einen göttlichen Glanz haben, dass Gott uns eine unantastbare Würde gegeben hat. Unsere Seele ist beflügelt, sie träumt davon, dass wir zu etwas Großem berufen sind. Der Feind steht für die Verletzungen, die wir erlebt haben und die uns daran hindern, unsere Träume zu verwirklichen. Und der Richter ist ein Bild für das Über-Ich, für die inneren Stimmen, die uns entwerten: „Bilde dir nichts ein. Du kannst nichts. Du bist nichts. Lass alle Träume von einem erfüllten Leben. Das sind nur Illusionen." Das Gebet – so sagt Jesus in diesem Gleichnis – gibt der Seele recht. Wir dürfen groß von uns denken. Die Seele in uns darf träumen und im Traum ihren inneren Reichtum entdecken. Das Gebet ist der Ort, an dem wir uns frei fühlen von allen Feinden: von krankmachenden Lebensmustern und von den Stimmen eines einengenden Über-Ichs.

Beten als Aufdecken des Verborgenen

Wenn ihr betet, macht es nicht wie die Heuchler. Sie stellen sich beim Gebet gern in die Synagogen und an die Straßenecken, damit sie von den Leuten gesehen werden. Amen, das sage ich euch: Sie haben ihren Lohn bereits erhalten. Du aber geh in deine Kammer, wenn du betest, und schließ die Tür zu; dann bete zu deinem Vater, der im Verborgenen ist. Dein Vater, der auch das Verborgene sieht, wird es dir vergelten. Wenn ihr betet, sollt ihr nicht plappern wie die Heiden, die meinen, sie werden nur erhört, wenn sie viele Worte machen. Macht es nicht wie sie; denn euer Vater weiß, was ihr braucht, noch ehe ihr ihn bittet. (Mt 6,5–8)

Jesus zeigt, wie Beten wirklich geht

In der Gebetsunterweisung, die uns Matthäus in der Bergpredigt beschreibt, grenzt Jesus das Gebet der Christen ab gegenüber dem Gebet von besonders frommen Juden, die mit ihrem Gebet Aufmerksamkeit erregen wollen, und vom Gebet der Heiden, die besonders viele Worte machen, um Gott zu zwingen, ihre Wünsche zu erfüllen. Beten darf nicht dazu missbraucht werden, sich über andere zu stellen und sich als besonders fromm hervorzutun. Und Beten ist kein Machtmittel, um sich Gott gefügig zu machen. Gegenüber diesen beiden negativen Weisen des Betens zeigt uns Jesus, wie Beten wirklich geht. Das Erste ist: Wir sollen im Verborgenen beten, in einer kleinen Kammer, die man zusperrt, um von niemandem gesehen zu werden. Beten ist also etwas sehr Intimes, das keine Zuschauer braucht. Aber im Verborgenen zu beten, meint noch mehr. Gott selbst wohnt im Verborgenen, und er sieht das Verborgene. So sollen wir Gott alles das, was oft unserem eigenen Blick verborgen ist, was wir gerne verdrängen und bei uns nicht wahrhaben wollen, offenbaren. Wir sollen Gott im Gebet in die verborgenen Abgründe unserer Seele schauen lassen. Dann wird Gott alles Verborgene in uns aufdecken und mit seinem Licht erhellen. Dann verlieren wir die Angst vor dem Verborgenen. Gott können wir alles, was in uns ist, offen zeigen. Denn Gott nimmt alles in uns an. So befreit uns das Gebet von der Angst vor dem, was in uns verborgen ist.

Alles wird von Gottes Licht erhellt

Die andere Weise, wie wir beten sollen, ist vom Vertrauen geprägt. Wir sollen nicht viele Worte machen wie die Heiden, die unaufhörlich irgendwelche Gottesnamen vor sich hersagen, um Gott dazu zu bewegen, ihre Wünsche zu erfüllen. Wir sollen vielmehr voll Vertrauen beten. Und wir sollen wenige Worte machen. Denn Gott weiß, was wir brauchen. Wir sollen Gott einfach das hinhalten, was in uns auftaucht. Und wir sollen Gott gegenüber unsere Sehnsucht ausdrücken, dass alles in uns von Gottes Licht erhellt und von Gottes Liebe durchdrungen wird.

Vom Vertrauen beim Beten

Bittet, dann wird euch gegeben; sucht, dann werdet ihr finden; klopft an, dann wird euch geöffnet. Denn wer bittet, der empfängt; wer sucht, der findet; und wer anklopft, dem wird geöffnet. Oder ist unter euch ein Vater, der seinem Sohn eine Schlange gibt, wenn er um einen Fisch bittet, oder einen Skorpion, wenn er um ein Ei bittet? Wenn nun schon ihr, die ihr böse seid, euren Kindern gebt, was gut ist, wie viel mehr wird der Vater im Himmel den Heiligen Geist denen geben, die ihn bitten? (Lk 11,9–13)

Die Zusagen Jesu

Bei Lukas fragen die Jünger Jesus nicht nur danach, was sie beten sollen, sondern in erster Linie darum, wie sie beten können. Und dieses Wie erklärt Jesus durch zwei Beispiele: einmal durch das Beispiel von einem guten Freund und dann durch das Beispiel vom Vater. Wir sollen zu Gott also beten wie zu einem guten Freund und wie zu einem Vater. Gott ist unser Freund. Das soll uns das Vertrauen schenken, wirklich zu bitten und bei Gott anzuklopfen, so wie wir bei einem Freund anklopfen, wenn wir etwas brauchen. Jesus schenkt uns die Gewissheit, dass der Bittende empfängt, der Suchende findet und dem Anklopfenden die Tür geöffnet wird. Doch wenn wir diese optimistischen Zusagen Jesu mit unserer Gebetserfahrung vergleichen, so machen wir oft andere Erfahrungen. Unser Gebet, dass die an Krebs erkrankte Mutter wieder gesund wird, wurde nicht erhört. Und als wir in unserer Angst zu Gott gefleht haben, wurde uns keine Tür zur Angstfreiheit geöffnet. Und als wir eine Lösung für eine schwierige Situation gesucht haben, haben wir nichts gefunden.

Mehr als die irdischen Gaben

Jesus kennt offensichtlich diese Erfahrungen. Daher möchte er uns mit einem anderen Beispiel zeigen, dass wir zu Gott wie zu unserem Vater beten sollen. Und der Vater wird seinem Sohn statt einem Fisch, der ihn nährt, keine Schlange geben, die ihn vergiftet. Und der Vater wird dem Sohn statt eines Eies keinen Skorpion geben, der ihn beißt. Augustinus deutet den Fisch auf den Glauben und das Ei auf die Hoffnung hin. Wenn schon irdische Väter, die nicht immer perfekt sind, trotzdem ihren Söhnen gute Gaben geben, wenn sie an den Sohn glauben und ihm Hoffnung schenken, anstatt ihn zu verletzen oder zu verbittern, „um wie viel mehr wird der Vater im Himmel den Heiligen Geist denen geben, die ihn bitten". Gott als Vater wird uns nicht jeden infantilen Wunsch erfüllen. Sondern er wird uns die Gabe geben, die uns wirklich beschenkt: die Gabe des Heiligen Geistes. Im Heiligen Geist wird er sich selbst uns schenken. Der Heilige Geist ist immer auch der heilende Geist. Man könnte sagen: Das Gebet heilt unsere Vaterwunden, wenn unser irdischer Vater uns doch vielleicht eine Schlange oder einen Skorpion gegeben hat, wenn er uns verletzt und gekränkt hat. Der Heilige Geist ist die Gabe, die wir brauchen und nach der wir uns im Tiefsten sehnen. Denn der Heilige Geist schenkt uns göttliches Leben. Das ist mehr als die irdischen Gaben, um die wir oft in unserer infantilen Haltung bitten.

Wie Gebet wirkt

Wahrhaftig, verbündet haben sich in dieser Stadt gegen deinen heiligen Knecht Jesus, den du gesalbt hast, Herodes und Pontius Pilatus mit den Heiden und den Stämmen Israels, um alles auszuführen, was deine Hand und dein Wille im Voraus bestimmt haben. Doch jetzt, Herr, sieh auf ihre Drohungen und gib deinen Knechten die Kraft, mit allem Freimut dein Wort zu verkünden. Streck deine Hand aus, damit Heilungen und Zeichen und Wunder geschehen durch den Namen deines heiligen Knechtes Jesus. Als sie gebetet hatten, bebte der Ort, an dem sie versammelt waren, und alle wurden mit dem Heiligen Geist erfüllt, und sie verkündeten freimütig das Wort Gottes. (Apg 4,27–31)

Die Kraft des Geistes

Lukas erzählt in seinem Evangelium immer wieder, dass Jesus gebetet hat. In der Apostelgeschichte ist ihm das Gebet das entscheidende Tun der Gemeinde. Die Apostel, die vom Hohen Rat freigelassen worden waren, gingen sofort zur Gemeinde. Und die Gemeinde betete gemeinsam. Sie sieht in ihrem Gebet einen Zusammenhang zwischen der Bedrängnis, in die Jesus durch das gemeinsame Handeln von Herodes und Pontius Pilatus geraten ist, und der Verfolgung der christlichen Gemeinde durch die Verantwortlichen der Juden. Doch sie bittet Gott darum, dass sie mit allem Freimut das Wort Gottes verkündet. Gott möge die Wahrheit der christlichen Botschaft durch Heilungen und Zeichen und Wunder bestätigen und bestärken. Auf das Gebet hin bebte der Ort. Lukas beschreibt die Wirkung des Gebetes in Bildern, die der hellenistischen Spiritualität entstammen. Das Beben des Ortes ist Zeichen für die Erhörung des Gebetes. Durch das Gebet entsteht also eine Schwingung. Es bleibt nicht folgenlos. So möchte Lukas unser Vertrauen ins Gebet stärken. Es bringt in dieser Welt etwas in Bewegung. Und es stärkt uns. Denn Lukas schreibt, dass die Betenden vom Heiligen Geist erfüllt werden und jetzt den Mut finden, in aller Freiheit das Wort Gottes zu verkünden. Sie tun es ohne die Angst, deshalb von Menschen bedrängt zu werden.

Auch heute: Zuflucht nehmen zum Gebet

Die Situation der frühen Gemeinde gleicht der unsrigen heute. Christen werden nicht nur in vielen muslimischen Ländern oder in Diktaturen verfolgt. Auch hier in Deutschland gibt es immer wieder Bedrängnisse. Die öffentliche Meinung ist oft gegen uns Christen. In so einer Situation sollten wir – so mahnt uns Lukas – wie die Urgemeinde die Zuflucht zum Gebet nehmen. Im Gebet dürfen wir erfahren, dass wir nicht allein sind, sondern dass Gott auch uns heute seinen Heiligen Geist sendet. Unser Gebet wird nicht ohne Wirkung bleiben. Auch wir dürfen vertrauen, dass der Ort zu beben beginnt, wenn wir gemeinsam und einmütig – wie es Lukas von der Urkirche sagt – beten. Dann kommt etwas in Bewegung: Eine Schwingung entsteht. Das Gebet wirkt in die Welt hinein. Manchmal dürfen wir dann solche Wunder erleben, dass die Mauer fällt, dass der Widerstand zusammenfällt und ein neues Miteinander möglich wird. So möchte uns Lukas mit dieser Szene vom Gebet der Urgemeinde ermutigen, auch heute die Zuflucht zum Gebet zu nehmen. Unser Gebet wird diese Welt bewegen und sie mehr und mehr mit dem Geist Jesu erfüllen.

Getragen von der Gemeinschaft der Beter

Wir wollen euch die Not nicht verschweigen, Brüder, die in der Provinz Asien über uns kam und uns über alles Maß bedrückte; unsere Kraft war erschöpft, so sehr, dass wir am Leben verzweifelten. Aber wir haben unser Todesurteil hingenommen, weil wir unser Vertrauen nicht auf uns selbst setzen wollten, sondern auf Gott, der die Toten auferweckt. Er hat uns aus dieser großen Todesnot errettet und rettet uns noch; auf ihm ruht unsere Hoffnung, dass er uns auch in Zukunft retten wird. Helft aber auch ihr, indem ihr für uns betet, damit viele Menschen in unserem Namen Dank sagen für die Gnade, die uns geschenkt wurde. (2 Kor 1,8–11)

Hoffnung, die Angst überwindet

Was die genaue Not war, in die Paulus in der Provinz Asien geraten war, kann man nicht mehr mit Sicherheit feststellen. Das ist auch nicht so wichtig. Entscheidend ist die Botschaft des Textes an uns. Paulus verkündet voller Eifer das Wort Gottes. Doch dann gerät er selbst in Bedrängnis, entweder durch die Intrigen seiner Gegner oder durch die Härte des Gefängnisaufenthaltes. Er fühlt sich über seine Kraft hinaus niedergedrückt und belastet. Wir würden heute von Burn-out sprechen. Er hat gleichsam sein Todesurteil schon unterschrieben. Doch er vertraut auf Gott, der die Toten auferweckt. Diese Hoffnung will er uns mit seinem persönlichen Schicksal vermitteln. Es kann sein, dass wir trotz unseres Glaubens über unser Maß hinaus bedrängt werden und am liebsten uns selbst aufgeben möchten. In dieser aussichtslosen Situation sollen wir mit Paulus darauf vertrauen, dass Gott selbst die Toten auferweckt. Also wird er auch uns aus unserer Not erretten.

Vertrauen, auch in ausswegloser Situation

Wir sollen uns keine Vorwürfe machen, wenn wir uns einer Situation nicht mehr gewachsen fühlen, wenn wir Überforderung spüren und keinen Ausweg finden, trotz allen Glaubens. Wir dürfen mit Paulus unsere Situation zulassen. Die Situation ist eine Einladung, unsere Hoffnung nicht auf uns und unsere Widerstandskraft zu setzen, sondern auf Gott. Heute spricht man von Resilienz. Wir sollen in uns die eigene Kraft entdecken, um mit schwierigen Situationen umzugehen. Das ist sicher ein guter Weg. Doch Paulus geht einen anderen Weg. Wir sollen durchaus zugeben, dass wir dieser Situation nicht gewachsen sind. Aber wir sollen trotzdem nicht resignieren oder in der Opferrolle bleiben. Nicht auf die eigenen Resilienz-Kräfte sollen wir bauen, sondern auf Gott vertrauen, der die Toten auferweckt. Der Glaube wirkt dann als eine Kraft, die uns auch in aussichtslosen Situationen Zuversicht schenkt. Gerade wenn wir gleichsam schon unser Todesurteil unterschrieben haben, unsere Ohnmacht eingestanden haben, dass wir selbst die Situation nicht meistern können, dann sollten wir unsere Hoffnung auf Gott setzen, der selbst die Toten auferweckt. Für Gott gibt es also keine Beschränkung seines Handelns. Er kann auch die aussichtslos erscheinende Situation in eine heilsame Situation wandeln.

Eine besondere Kraft: das Gebet anderer

Paulus verweist noch auf eine andere Kraft, auf die wir bauen können. Es ist das Gebet anderer. Wenn wir uns in einer bedrohlichen Situation getragen wissen vom Gebet anderer, dann ist das auch eine innere Kraft, dann wird das Gebet der anderen für uns zur Resilienz, zur Hoffnung, dass wir nicht alleingelassen sind mit unserer Not. Das Gebet anderer gibt uns das Gefühl, getragen zu sein von einer Gemeinschaft von Betenden. Darum zu wissen, bringt schon Licht in die ausweglose Situation und schenkt uns bei aller Hoffnungslosigkeit neue Hoffnung.

Wann sollen wir beten?

Ist einer von euch bedrückt? Dann soll er beten. Ist einer fröhlich? Dann soll er ein Loblied singen. Ist einer von euch krank? Dann rufe er die Ältesten der Gemeinde zu sich; sie sollen Gebete über ihn sprechen und ihn im Namen des Herrn mit Öl salben. Das gläubige Gebet wird den Kranken retten, und der Herr wird ihn aufrichten; wenn er Sünden begangen hat, werden sie ihm vergeben. Darum bekennt einander eure Sünden und betet für einander, damit ihr geheilt werdet. Viel vermag das inständige Gebet eines Gerechten. (Jakobus 5,13–16)

Verwandelt und getragen

Hier werden drei Formen des Gebetes beschrieben. Wenn es uns nicht gut geht, wenn wir uns bedrückt fühlen, dann sollen wir beten. Das Beten verwandelt unsere Stimmung. Im Beten lassen wir unsere bedrückten Gefühle von Gottes Geist durchdringen. Das richtet uns wieder auf. Wenn wir fröhlich sind, dann soll unser Beten zum Lob Gottes werden. Das Loben entspricht der inneren Fröhlichkeit und verstärkt sie. Und vor allem öffnet uns dann die Fröhlichkeit für den Gott der Freiheit und der Freude. Wenn wir krank sind, dann sollen wir nicht nur selbst beten, sondern auf das Gebet anderer vertrauen. Wir können Freunde bitten, dass sie für uns beten. Wenn der Jakobusbrief meint, wir sollten die Ältesten der Gemeinde rufen, also die offiziellen Vertreter der Kirche, dann heißt das: Wir sollen auf die Kraft der kirchlichen Gemeinschaft vertrauen. Wir sind getragen von dieser Gemeinschaft. Und das Gebet der Ältesten soll verbunden werden mit der Salbung. Wenn die Ältesten uns mit Öl salben, dann hören wir nicht nur ihre Gebete, wir spüren sie leibhaft, indem wir berührt werden und indem wir den angenehmen Duft des Öls riechen.

Beten will alle unsere Sinne berühren

Die frühe Kirche hat in dieser Stelle die Begründung des Sakramentes der Krankensalbung gesehen. Sie hat gespürt, dass das Gebet für die Kranken zum besonderen Auftrag der Kirche gehört und dass dieses Gebet mit dem Ritual der Salbung verbunden werden soll, damit die Menschen leibhaft die heilende Kraft des Gebetes erfahren können. Beten will also alle unsere Sinne berühren, nicht nur den Verstand. In diesem Gebet, verbunden mit der Salbung durch Öl, spüren wir neue Kraft in unserer Krankheit. Und wir erfahren, dass wir bedingungslos von Gott angenommen und geliebt sind. Das gibt uns die Gewissheit, dass unsere Sünden vergeben sind.

Unser Vertrauen wird gestärkt

Und wenn der Jakobusbrief davon spricht, dass uns das Gebet der Ältesten der Gemeinde wieder aufrichtet, dann gilt das auch heute: Bei Kursen haben mir Teilnehmer erzählt, wie sie sich in ihrer Krankheit vom Gebet ihrer Freunde und Freundinnen getragen fühlten. Das Gebet der anderen war für sie wie ein schützender Raum. Es hat sie aufgerichtet, sie ermutigt, ihnen neues Vertrauen geschenkt. In diesem Sinn also sollen wir füreinander beten. Es ist ein Dienst der Liebe für den anderen. Und wir dürfen vertrauen, dass unser Gebet beim anderen wirkt. Ob es seine Krankheit heilt oder nicht, ist nicht entscheidend. Es kommt vor allem darauf an, dass der andere sich von unserem Gebet getragen fühlt. Wir dürfen vertrauen, dass das auch heilend auf ihn einwirkt.

Für alle Menschen beten

Vor allem fordere ich zu Bitten und Gebeten, zu Fürbitte und Danksagung auf, und zwar für alle Menschen, für die Herrscher und für alle, die Macht ausüben, damit wir in aller Frömmigkeit und Rechtschaffenheit ungestört und ruhig leben können. Das ist recht und gefällt Gott, unserem Retter; er will, dass alle Menschen gerettet werden und zur Erkenntnis der Wahrheit gelangen. Denn: Einer ist Gott, Einer auch Mittler zwischen Gott und den Menschen: der Mensch Christus Jesus, der sich als Lösegeld hingegeben hat für alle, ein Zeugnis zur vorherbestimmten Zeit. (1 Tim 2,1–6)

Gott will, dass alle gerettet werden

Der Text aus dem 1. Timotheusbrief zeigt die Situation der christlichen Gemeinde am Ende des 1. Jahrhunderts im römischen Staat. Die Christen sind eine kleine Gruppe. Aber sie haben eine Aufgabe für die ganze Welt. Sie sollen für die ganze Welt beten, vor allem für die, die die Macht innehaben. Der Grund der Fürbitte und zugleich der Danksagung für die Herrscher dieser Welt ist einmal, dass die Christen dann ungestört und ruhig in dieser Welt leben können. Sie sollen ihre Spiritualität und Frömmigkeit (*eusebeia*) und ihre Rechtschaffenheit, d. h. ihre Würde als Christen und ihre Verantwortung für die Welt, ohne Störung von außen leben. Der andere Grund der Fürbitte liegt im Heilswillen Gottes begründet. Gott will, dass alle Menschen gerettet werden. Das ist eine optimistische Sicht auf die Welt. Die Christen beten nicht nur für sich selbst, sondern für die ganze Welt. Denn Gott möchte, dass alle gerettet und geheilt werden.

Und Gott will, dass alle zur Erkenntnis der Wahrheit gelangen. Erkenntnis (*gnosis*) war die große Sehnsucht der Gnosis, einer spirituellen Bewegung am Ende des 1. Jahrhunderts. Die Christen sollen dafür beten, dass allen Menschen die Augen aufgehen und sie die Wahrheit erkennen, d. h. dass ihnen das Geheimnis Gottes, das Geheimnis des Menschen und das Geheimnis der Welt klar wird.

Gemeinsame Worte verbinden

Dann zitiert der Brief ein altchristliches Glaubensbekenntnis. Offensichtlich hatten die frühen Christen das Bedürfnis, ihren Glauben in einigen Sätzen zu formulieren. Dieser gemeinsame Glaube ist die Richtschnur, an der sich die Christen festhalten können. Und es sind Worte, die die Christen miteinander verbinden. Sie können gemeinsam Worte sprechen, die sie tragen. Diese Worte führen in die Wahrheit. Sie wollen uns die Augen öffnen, damit wir das erkennen, was uns wirklich trägt. Das Glaubensbekenntnis der frühen Christen ist sehr kurz. Es bezieht sich auf den einen Gott. Auch wenn die Menschen damals verschiedene Götter verehrt haben, es gibt nur den einen Gott. Die verschiedenen Götter sind nur verschiedene Bilder von Gott. Aber es gibt nur den einen Gott. Und es gibt nur den einen Mittler zwischen Gott und den Menschen: den Menschen Jesus, der zugleich Christus ist, der Gesalbte, der Messias. Wir brauchen nicht nach allen möglichen Mittlern zu suchen. Heute gibt es ja auch wieder viele selbsternannte Gurus, die meinen, sie würden den Menschen den Weg zu Gott zeigen. Doch das Glaubensbekenntnis der frühen Christen verweist uns auf Jesus. Er allein ist der wahre Mittler, er steht zwischen

Gott und den Menschen. Er offenbart uns das Antlitz des wahren Gottes. Und er hat sein Leben für alle – nicht nur für die Christen – hingegeben. Er ist nicht nur Mittler, sondern auch Retter, Erlöser, Heiler. Er hat Zeugnis (*martyrion*) abgelegt. Das meint seinen Tod am Kreuz, sein Martyrium. Es ist für uns zum Heil geschehen. Mit seinem Tod am Kreuz hat Jesus Zeugnis abgelegt für seine Botschaft, die er uns verkündet hat. Es ist die Botschaft von einer Liebe, die stärker ist als der Tod.

Die Menschen mit den Augen der Hoffnung sehen

Im Gebet denken wir nicht nur an die Menschen, für die wir beten. Wir werden im Gebet eins mit Jesus Christus. Und im Gebet verstehen wir immer mehr, wer dieser Jesus in Wahrheit ist: Er ist der, der Himmel und Erde miteinander verbindet. Das Kreuz ist ein Bild für diese Verbindung von Himmel und Erde. So können wir uns im Gebet eins fühlen mit den Menschen um uns herum, aber zugleich wächst in uns die Hoffnung, dass Christus für all diese Menschen gestorben ist, dass sie alle von der rettenden und erlösenden Gnade Jesu Christi umgeben sind. So hilft uns das Gebet, die Menschen mit neuen Augen, mit Augen der Hoffnung, anzuschauen.

Handeln in einem neuen Licht

Der heilige Benedikt hat als Devise aufgestellt: Ora et labora, bete und arbeite. Dieser Zusammenhang gilt auch schon in der Bibel. In der Bergpredigt, die uns Matthäus überliefert, steht in der Mitte das Vaterunser: die Erfahrung Gottes im Gebet. Aber diese Erfahrung Gottes im Gebet muss sich auch in einem neuen Verhalten ausdrücken. Wenn wir die Bergpredigt ohne das Vaterunser nur als moralische Forderungen verstehen, würde sie uns überfordern. Aber wenn wir sie als Reaktion auf die mystische Erfahrung der heilenden Nähe Gottes verstehen, dann verlieren die moralischen Forderungen die Härte und Strenge, die wir darin oft erkennen. Sie werden dann eine kreative Reaktion auf das Verhalten anderer Menschen. Und diese Kreativität im Verhalten gründet in der Erfahrung des Gebetes. Umgekehrt gilt aber auch: Würden wir uns nur auf das Beten beschränken, dann würde das Beten zu einem narzisstischen Kreisen um uns selbst. Die Bergpredigt zeigt uns also, dass Beten und Arbeiten, Kontemplation und Aktion zusammengehören. In unserer Zeit hat diese Spannung der erste Prior von Taizé, Roger Schutz, mit der Formel „Kampf und Kontemplation" ausgedrückt, und der österreichische Pastoraltheologe Paul Zulehner hat sie mit dem Begriffspaar „Mystik und Politik" umschrieben.

Das Handeln des Christen ist einmal von der Erfahrung des Gebetes geprägt, zum anderen ist es auch Ausdruck der Gnade, die uns in Jesus Christus geschenkt worden ist. Wir müssen uns nicht ständig anstrengen, ein neues Verhalten an den Tag zu legen. Vielmehr sollen wir uns von der Gnade Gottes, die uns in Jesus Christus begegnet, anregen lassen, so zu handeln, wie es unserem Wesen als Kinder Gottes – oder unserem Wesen als erlöste Menschen – entspricht. Jesus hat uns seinen Geist geschenkt. Aus diesem Heiligen Geist, der in uns ist, können wir auch auf neue Weise handeln. Der Heilige Geist treibt uns an, auf Menschen zuzugehen. Der Heilige Geist erfüllt uns mit einer Liebe, die nie versiegt, weil sie in der göttlichen Quelle der Liebe ihren Grund hat. So ist unser Verhalten eine Antwort auf die Erfahrung der Gnade, auf das Geschenk des Heiligen Geistes. Aber unser Handeln ist auch ein Test, ob der Heilige Geist wirklich tief genug in uns eingedrungen ist, ob wir uns auch in der Tiefe unserer Seele vom Heiligen Geist verwandeln lassen.

Das Gute wählen

Jesus und seine Jünger zogen zusammen weiter, und er kam in ein Dorf. Eine Frau namens Marta nahm ihn freundlich auf. Sie hatte eine Schwester, die Maria hieß. Maria setzte sich dem Herrn zu Füßen und hörte seinen Worten zu. Marta aber war ganz davon in Anspruch genommen, für ihn zu sorgen. Sie kam zu ihm und sagte: Herr, kümmert es dich nicht, dass meine Schwester die ganze Arbeit mir allein überlässt? Sag ihr doch, sie soll mir helfen! Der Herr antwortete: Marta, Marta, du machst dir viele Sorgen und Mühen. Aber nur eines ist notwendig. Maria hat den guten Teil gewählt, der soll ihr nicht genommen werden. (Lk 10,38–42)

Kontemplativ oder aktiv?

Diese Geschichte haben die Kirchenväter oft so gedeutet: Marta symbolisiert das tätige Leben und Maria das kontemplative Leben. Und die meisten Kirchenväter haben das kontemplative Leben höher gestellt als das aktive Leben. Das hat viele Menschen, die sich für andere engagiert haben, geärgert. Doch es gibt auch viele Kirchenväter, die davor warnen, nur das kontemplative Leben zu leben. Denn dabei könnte man sich auch vor der Verantwortung für diese Welt drücken. Gregor von Nazianz zieht für sich als Bischof das gemischte Leben vor. Er muss beides in sich verkörpern. Auch die Mönche verbinden beide Formen. In Ägypten nahmen sie niemanden ins Kloster auf, der nicht bereit war, hart zu arbeiten. Die Arbeit – so meinen die Mönche – fördert das kontemplative Leben. Auch der hl. Augustinus wendet sich gegen Mönche, die meinen, sie bräuchten nicht zu arbeiten.

Meister Eckehart lobt in seiner Auslegung Marta. Er meint, Maria müsse erst Marta werden, damit sie ganz Maria sein kann. Sie muss sich also erst in der Arbeit beweisen, bevor sie sich zu Füßen Jesu setzen kann, um ihm zuzuhören.

Die zwei Seiten sind in uns

Für mich selber geht es nicht um die Alternative: aktiv oder kontemplativ. Maria und Marta sind vielmehr zwei Seiten in jedem von uns. Wir haben eine aktive Seite wie Marta. Und die ist ganz wichtig. Die Jünger Jesu wollen ja auch etwas zu essen haben. Dafür muss ich mich anstrengen. Aber in uns ist normalerweise die Marta lauter als die Maria. Deshalb verteidigt Jesus Maria. Wir müssen in unserer Arbeit immer auch innehalten, um zu spüren, ob unsere Arbeit wirklich sinnvoll ist oder ob sie zum Selbstzweck geworden ist. Marta meint, das wichtigste Bedürfnis Jesu sei, satt zu werden. Doch Jesus will sein Wort verkünden. Ihm ist es wichtiger, dass die Menschen seine Botschaft hören. Daher müssen wir immer wieder innehalten, um zu hören, welche Bedürfnisse der andere wirklich hat. Sonst stülpen wir ihm unsere Hilfe über, die er vielleicht gar nicht will. Viele Exegeten übersetzen: „Maria hat das Bessere gewählt." Doch im Griechischen heißt es einfach nur: das Gute. Es geht nicht darum, eine Form über die andere zu stellen, sondern beidem den richtigen Raum zu geben: der Arbeit und dem Hören, der Aktion und der Kontemplation. Und Jesus muss der Maria in uns immer wieder Recht geben, damit wir nicht aufgehen in der Arbeit und gar nicht mehr reflektieren über das, was wir tun.

Diese zwei Gebote

Einer von den Pharisäern, ein Gesetzeslehrer, wollte Jesus auf die Probe stellen und fragte ihn: „Meister, welches Gebot im Gesetz ist das wichtigste?“ Er antwortete ihm: „Du sollst den Herrn, deinen Gott, lieben mit ganzem Herzen, mit ganzer Seele und mit all deinen Gedanken. Das ist das wichtigste und erste Gebot. Ebenso wichtig ist das zweite: Du sollst deinen Nächsten lieben wie dich selbst. An diesen beiden Geboten hängt das ganze Gesetz samt den Propheten.“ (Mt 22, 35–40)

Schönheit und Liebe

Wir kennen alle diese Worte. Klar ist demnach: Gottesliebe, Nächstenliebe und Selbstliebe hängen zusammen. Doch die Frage bleibt: Wie kann ich Gott lieben, den ich nicht sehe und der sich mir oft entzieht? Augustinus antwortet auf die Frage: „Was liebe ich, wenn ich meinen Gott liebe?“ mit dem Hinweis auf die Schönheit, die er liebt: die Schönheit der Natur oder einer Statue, auch die Schönheit der Musik. Er bezieht sich dabei auf den griechischen Philosophen Platon, der die Schönheit mit der Liebe verbindet. Die Schönheit erzeugt in uns Liebe, und die Liebe lässt uns die Schönheit erkennen. Wenn die Schönheit der Schöpfung oder die Schönheit der Musik uns zur Liebe bewegt, dann lieben wir Gott. Dann dringt in der Schönheit seine Liebe in uns ein. Und dann ist unser Herz von Liebe erfüllt. Dann ist unsere Seele, die uns mit Gott verbindet, von seiner Liebe durchdrungen. Und unsere Gedanken sind von Liebe geprägt. Dann muss uns niemand zur Liebe auffordern, wir vermögen Gott zu lieben, weil seine Schönheit uns selbst zur Liebe bewegt.

Die Erfahrung, in der Liebe zu sein

Platon sieht die Liebe nicht als Forderung. Für ihn ist sie eine Macht, eine Kraft, die in uns ist. Manchmal dürfen wir die Erfahrung machen, dass wir einfach Liebe *sind.* Dann strömt die Liebe aus uns heraus zu den Menschen, den Tieren und den Pflanzen und zu Gott, dem Grund allen Seins. Wenn wir Liebe sind, dann sind wir auch fähig, den Nächsten und uns selbst zu lieben. Es gibt Menschen, die können zwar andere Menschen lieben, aber sich selbst nicht. Doch wenn wir in Berührung sind mit der Quelle der Liebe, die in uns ist, dann wird diese Liebe sowohl zu uns selbst als auch zu den Nächsten fließen. Johannes sagt: „Gott ist Liebe. Und wer in der Liebe wohnt, der wohnt in Gott, und Gott wohnt in ihm" (1 Joh 4,16). Die Liebe ermöglicht uns wahres Leben. Wenn wir uns von der Liebe durchströmen lassen und wenn diese Liebe zu uns selbst und zum Nächsten und zu Gott strömt, nur dann wird unser Leben lebenswert.

Euch, die ihr mir zuhört, sage ich: Liebt eure Feinde; tut denen Gutes, die euch hassen. Segnet die, die euch verfluchen; betet für die, die euch misshandeln ... Ihr sollt eure Feinde lieben und sollt Gutes tun und leihen, auch wo ihr nichts dafür erhoffen könnt. Dann wird euer Lohn groß sein, und ihr werdet Söhne des Höchsten sein; denn auch er ist gütig gegen die Undankbaren und Bösen. Seid barmherzig, wie es auch euer Vater ist! (Lk 6,27f.35f)

Drei Auswirkungen der Feindesliebe

Lukas interpretiert die Feindesliebe, von der Jesus auch in der Bergpredigt bei Matthäus spricht, auf eigene Weise, auf eine Weise, wie sie den Griechen verständlich erscheint. Die Feindesliebe drückt sich in drei verschiedenen Tätigkeiten aus.

Die *erste* bezieht sich auf Wohltaten. Wir sollen denen Gutes tun, die uns hassen. Hier könnte der griechisch gebildete Lukas anspielen auf das berühmte Wort der Antigone im Drama von Sophokles: „Nicht mitzuhassen, mitzulieben bin ich da." Indem ich dem, der mich hasst, etwas Gutes tue, verunsichere ich ihn und ermögliche ihm, von seinem Hass zu lassen.

Die *zweite* Tätigkeit: Wir sollen die segnen, die uns verfluchen. Das klingt zunächst nach einer Überforderung. Aber meine Erfahrung zeigt: Wenn ich den segne, der mich verletzt hat, dann wird der Segen zu einem Schutzschild, der mich vor weiteren Verletzungen durch den anderen schützt. Und ich steige im Segen aus der Opferrolle aus. Ich richte mich auf und schicke gleichsam aktiv eine positive Kraft, die Kraft des göttlichen Segens, zum anderen. Das tut mir selbst gut.

Und die *dritte* Tätigkeit ist das Beten für die, die mich misshandeln. Das Beten verwandelt mich selbst und meinen Blick auf den anderen. Im Beten bekomme ich Hoffnung für den anderen, dass er mit sich selbst in Frieden kommt. Und so wird ein neues Miteinander möglich. Alle drei Tätigkeiten können die Feindschaft auflösen und so einen Raum der Liebe eröffnen.

So werden wir an Gott teilhaben

Die Feindesliebe ist also nicht nur eine Leistung, die wir vollbringen sollen. Sie bringt uns selber etwas. Sie tut uns selbst gut. Den Lohn, von dem Jesus spricht, dürfen wir nicht rein äußerlich verstehen. Der Lohn besteht darin, dass wir Söhne und Töchter des Höchsten sein werden. Der Engel hat Maria verkündet, dass ihr Sohn werde „groß sein und Sohn des Höchsten genannt werden“ (Lk 1,32). Durch die Feindesliebe werden wir Christus ähnlich. Wir werden wie er Sohn und Tochter des Höchsten. Das ist ein typisch griechischer Ausdruck, der die Sehnsucht der Griechen anspricht. Dann wird Gott gekennzeichnet als der, der gütig ist gegen die Undankbaren und Bösen. Und Lukas beschließt die Aufforderungen zur Feindesliebe anders als Matthäus. Bei Matthäus heißt es: „Ihr sollt also vollkommen sein, wie es auch euer himmlischer Vater ist“ (Mt 5,48). Bei Lukas heißt es: „Werdet barmherzig, wie es euer Vater ist.“ Es ist also kein Befehl, barmherzig zu sein, sondern eine Einladung oder auch eine Verheißung, barmherzig zu werden. Barmherzig ist man nicht einfach. Es ist vielmehr ein Prozess, barmherzig zu werden. Barmherzigkeit ist die eigentliche Eigenschaft Gottes. Und der Mensch soll vor allem Gottes Barmherzigkeit nachahmen. Dann wird er Sohn und Tochter Gottes sein. Dann wird er verstehen, wer Gott ist, ja er wird an Gott selbst teilhaben.

Den Weg der Nachfolge gehen

Ein Mann sagte zu Jesus: Ich will dir nachfolgen, Herr. Zuvor aber lass mich von meiner Familie Abschied nehmen. Jesus erwiderte ihm: Keiner, der die Hand an den Pflug gelegt hat und nochmals zurückblickt, taugt für das Reich Gottes. (Lk 9,61f)

Folge deiner inneren Stimme

Zunächst klingt es ganz verständlich, dass ein Mann, der Jesus gerne nachfolgen möchte, sich zuerst von seiner Familie verabschiedet. Die möchte schließlich wissen, wo er hingeht und was er macht. Doch Jesus antwortet diesem Mann sehr radikal. Was könnte damit gemeint sein? Zunächst: Jesus nachfolgen heißt damals ganz konkret: sich mit Jesus auf den Weg machen und mit ihm durch die Lande ziehen. Doch für hier und heute heißt es etwas anderes: Jesus nachfolgen bedeutet: seiner inneren Stimme folgen. Jesus ist für uns nicht nur der jüdische Rabbi, der damals durch die Lande gezogen ist. Für uns ist Jesus auch ein Bild für unser wahres Selbst geworden. Jesus spricht zu uns durch die leisen Impulse unseres Herzens. Auf der einen Seite wollen wir diesem inneren Impuls folgen. Wir wollen Jesus nachfolgen. Aber wir wollen auch, dass unsere Familie damit einverstanden ist. Für mich ist das ein Bild: Ich will meinen Weg gehen, den ich von meinem Gewissen her als meinen erkannt habe. Aber zugleich will ich auch, dass meine ganze Umgebung, meine Familie, alle meine Freunde und Bekannten mit meinem Weg einverstanden sind. Doch das geht nicht. Dann ist es nicht mehr *mein* Weg.

In die Freiheit entlassen

Jesus meint mit seiner radikalen Antwort: „Wenn du in deinem Herzen meinen Ruf hörst, dann folge ihm. Schaue nicht zurück, was die anderen von deinem Weg halten, ob sie alle einverstanden sind oder dich sogar loben. Wenn du zurückschaust, wird die Furche auf dem Acker deiner Seele krumm. Dann wird nichts wachsen auf dem Acker deiner Seele. Wenn dein Leben Frucht bringen will, wenn es zum Segen werden soll für andere, dann folge dem inneren Ruf, ganz gleich, ob deine Umgebung einverstanden ist oder nicht."

Jesus traut dem Einzelnen zu, dass er seinen persönlichen Weg geht, ohne die Rückversicherung durch seine Umwelt abzuwarten. Es ist also ein Wort, das uns in die Freiheit entlässt – und kein Wort, das uns Angst machen will. Aber der Weg in die Freiheit verlangt durchaus, dass wir manche Absicherung loslassen und einfach den Weg gehen, den wir von Gott her als unseren erkannt haben.

Gewissenserforschung

Der reiche Jüngling sagte zu Jesus: Meister, alle diese Gebote habe ich von Jugend an befolgt. Da sah ihn Jesus an, und weil er ihn liebte, sagte er: Eines fehlt dir noch: Geh, verkaufe, was du hast, gib das Geld den Armen, und du wirst einen bleibenden Schatz im Himmel haben; dann komm und folge mir nach! Der Mann aber war betrübt, als er das hörte, und ging traurig weg; denn er hatte ein großes Vermögen. (Mk 10,20–22)

Was noch fehlt

Vielen macht diese Bibelstelle Angst. Sie denken: Als Christ muss ich alles verkaufen, was ich habe. Nur dann entspreche ich dem Geist Jesu. Andere versuchen sich dem Anspruch dieses Wortes zu entziehen, indem sie meinen, es gelte nur für Ordensleute, die ja schließlich Armut geloben. Aber Jesus hatte hier sicher keine Ordensleute im Blick. Denn die gab es zur Zeit Jesu gar nicht. Der erste Mönch Antonius hat mit 18 Jahren diese Stelle gehört und sie wörtlich genommen. Er hat wirklich sein Vermögen verkauft und sich in die Wüste zurückgezogen und ganz allein auf Gott hin gelebt, in Einsamkeit, Armut und Gebet. Aber nicht jeder kann so handeln wie der Wüstenvater Antonius. Was hat das Wort Jesu uns heute zu sagen? Es ist gut, wenn wir die Gebote Gottes erfüllen. Aber zu einem erfüllten Leben gehört noch mehr. Jesus gewinnt den jungen Mann lieb. Er traut ihm etwas zu. Das ist die Grundlage auch unseres Lebens: Jesus nimmt mich bedingungslos an, er liebt mich, traut mir etwas zu. Das Wort Jesu an den reichen Jüngling ist kein Gebot, das jeder zu erfüllen hat. Vielmehr ist es die Frage Jesu ganz persönlich an mich: „Eines fehlt dir noch, damit du wirklich so lebst, dass es deinem innersten Wesen entspricht, dass du deine Fähigkeiten und Begabungen wirklich zum Segen für die Menschen werden lässt.“

Gewissens-erforschung: Was hindert mich?

Was dieses Eine ist, das uns fehlt oder das wir loslassen sollen, das wird bei jedem verschieden sein. Aber ich könnte mich fragen: Was hindert mich daran, authentisch zu leben und so zu leben, dass mein Leben zum Segen wird für andere? Für den einen wird dieses Hindernis die alte Gewohnheit sein, die er nicht loslassen kann. Für den anderen das Bild, das er sich von sich gemacht hat, das aber nicht seinem Wesen entspricht. Für wieder andere kann es eine innere Bindung sein, entweder an Menschen, von deren Beurteilung man sich abhängig macht, oder an Lebensmuster, mit denen man zusammengewachsen ist und die einen hindern, den eigenen Weg in Freiheit zu gehen. So sollten wir diese Stelle als Gewissenserforschung für uns nehmen: Was hindert mich an dem Leben, das Jesus mir zutraut? Und ich soll mir bei der Gewissenserforschung immer vor Augen halten, dass Jesus mich liebevoll anschaut. Er will mir kein schlechtes Gewissen machen, sondern mit seiner Liebe das aus mir hervorlocken, was in mir steckt.

So gelingt unser Leben

Auf seinem Weg nach Jerusalem zog Jesus von Stadt zu Stadt und von Dorf zu Dorf und lehrte. Da fragte ihn einer: Herr, sind es nur wenige, die gerettet werden? Er sagte zu ihnen: Bemüht euch mit allen Kräften, durch die enge Tür zu gelangen; denn viele, sage ich euch, werden versuchen hineinzukommen, aber es wird ihnen nicht gelingen. Wenn der Herr des Hauses aufsteht und die Tür verschließt, dann steht ihr draußen, klopft an die Tür und ruft: Herr, mach uns auf! Er aber wird euch antworten: Ich weiß nicht, woher ihr seid. Dann werdet ihr sagen: Wir haben doch mit dir gegessen und getrunken, und du hast auf unseren Straßen gelehrt. Er aber wird erwidern: Ich sage euch, ich weiß nicht, woher ihr seid. Weg von mir, ihr habt alle Unrecht getan! (Lk 13,22–27)

Du musst dein eigenes Leben leben

Es ist eine beliebte Frage, die wir auch heute kennen: Sind es viele, die in den Himmel kommen? Oder aber nur wenige? Wem sollen wir trauen: den Moralpredigern, die uns Angst machen – oder denen, die uns Hoffnung vermitteln? Jesus hebt die Frage auf eine andere Ebene. Er erwidert nicht mit einer Statistik, sondern mit einer Mahnpredigt: Ihr sollt euch nicht darum kümmern, wie viele in den Himmel kommen. Bemüht euch selbst um ein authentisches Leben. Jesus geht es nicht nur um die Frage des Himmels. Das griechische Wort „sozesthai“, das hier steht, meint nicht nur das Gerettetwerden im Blick auf den Himmel. Es geht vielmehr um Heilwerden, um Gesundwerden, um Ganzwerden. Die Frage ist also: Wie gelingt mein Leben? Wie werde ich ganz ich selbst? Und das geht nicht so ohne Weiteres. Da genügt es nicht, zu tun, was alle tun. Ich muss die Tür zu meiner ureigensten Person finden. Ich muss mein eigenes Leben leben, das Gott mir zugedacht hat. Das meint das Bild der engen Tür.

Komm mit deinem Herzen in Berührung

Doch dann bringt Jesus noch ein anderes Bild: das Bild der verschlossenen Tür. Wir kennen dieses Bild von unseren Träumen. Wenn wir im Traum vor einer verschlossenen Tür stehen, dann bedeutet es immer, dass wir den Kontakt zu unserem Inneren verloren haben. Wir leben so im Äußeren, dass wir keine Beziehung mehr haben zu unserem Herzen. Ein solcher Traum ist dann immer die Mahnung, wieder in Kontakt zu unserem Herzen, zu unserem wahren Selbst zu kommen. Die Menschen, die an die Tür klopfen, erinnern den Herrn daran, dass sie doch mit ihm gegessen und getrunken haben. Doch der Herr antwortet abweisend: „Ich sage euch, ich weiß nicht, woher ihr seid" (Lk 13,27). Das griechische Wort „pothen" = „woher" meint nicht nur den Wohnort, aus dem man kommt. Es meint vielmehr den Ursprung des Menschen: Woraus lebt der Mensch? Diese Menschen haben einen anderen Ursprung. Sie kommen nicht aus dem göttlichen Grund. Sie leben nur im Äußeren. Sie haben den Kontakt zu ihrem Inneren verloren. Und Jesus will mit dem Gleichnis sagen: Pass auf! Wenn du nur im Äußeren lebst, kann es irgendwann zu spät sein. Die Tür zu deinem Herzen ist so verschlossen, dass du keinen Zugang mehr zu dir findest. Diese Mahnung gilt uns allen: Wir halten in der Eucharistie Mahl mit Jesus. Aber auch das kann so äußerlich sein, dass Jesus uns nicht erkennt. Denn wir leben nicht aus dem göttlichen Urgrund, sondern aus anderen Gründen, zum Beispiel aus dem Grund, gut angesehen zu werden, unsere Pflicht zu erfüllen. Aber wir leben nicht aus unserem Herzen heraus. So will uns Jesus mit diesen Worten mahnen: Du findest dein Selbst nur dann, dein Leben wird nur dann gelingen, wenn du durch die enge Tür gehst und wenn du in Berührung mit deinem Herzen lebst. Wenn du einfach so dahinlebst, dann kann dich dieses rein äußere Leben abschneiden von deinem wahren Selbst. Und irgendwann kann es zu spät sein. Du findest dann die Tür nicht mehr zu deinem Herzen, zu deinem wahren Selbst. Sei daher jetzt wachsam. Lebe jetzt bewusst in Berührung mit deinem Herzen, mit deinem Selbst.

Teilen und Einssein: Sich nicht vom Leben abschneiden

Das Gleichnis vom verlorenen Sohn (Lk 15,11–32) kennt jeder. Ich möchte nur auf einen Aspekt hinweisen. Der Vater teilt am Anfang das Vermögen auf. Alle drei Personen in dieser Erzählung sind Teile in uns. Und die Geschichte sagt: Nur wenn wir uns auch als Teil des anderen sehen, können wir unser Leben miteinander teilen. Wir kennen in uns den jüngeren Sohn, der einfach nur leben möchte, ohne Rücksicht auf die anderen und ohne Maß zu halten. Er möchte sein Leben nicht mehr mit dem Vater und dem Bruder teilen. Er möchte selber leben. Er landet bei den Schweinen. Wir würden heute sagen: Er ist auf den Hund gekommen. Aber in uns ist auch der ältere Sohn, der sich nicht traut, auszubrechen, der sich anpasst, aber auch nicht zufrieden ist mit seinem Leben. Und in uns ist der Vater. Der Vater umarmt den Sohn, der sich selbst verloren hat, der innerlich tot war. Er spürt, dass dieser jüngere Sohn auch in ihm selbst ist. Daher kann er ihn liebevoll umarmen. Und der jüngere Sohn lässt sich umarmen. Er spürt jetzt, dass er auch ein Teil des Vaters ist. Und er möchte mit dem Vater sein Leben teilen. Der ältere Sohn will von seinem Bruder nichts wissen. Er lehnt ihn ab. Er projiziert seine eigenen verdrängten Bedürfnisse in ihn hinein und wirft ihm vor, dass er sein Geld mit Dirnen durchgebracht habe. Das ist seine eigene Phantasie. Denn in der Erzählung kommt das gar nicht vor. Er lehnt den Teil, den sein Bruder lebt, der aber auch in ihm selbst ist, nur ab. Dadurch schneidet er sich vom Leben ab. Der Vater möchte auch den älteren Sohn umarmen und auch mit ihm das Leben teilen. Er spricht ihn liebevoll an: „Mein Kind, du bist immer bei mir, und alles, was mein ist, ist auch dein" (Lk 15,31).

Eine Frage an uns Ob der ältere Sohn sich von den liebevollen Worte des Vaters bewegen lässt, sein Leben und seine Freude mit dem Bruder zu teilen, lässt die Erzählung offen. Es ist also eine Frage an uns, ob wir als Vater den jüngeren und den älteren Sohn in uns umarmen und ob wir bereit sind, unser Leben mit allen zu teilen. Es ist wie in der realen Familie: Wenn wir uns selber als Teil von ihr verstehen, dann sind wir bereit, unser Leben mit den anderen Familienmitgliedern zu teilen. Und was von der Familie gilt, das können wir auch ausweiten auf die Menschheitsfamilie. Wir können unser Leben mit dem Flüchtling teilen, weil auch er ein Teil von uns ist, weil auch in uns einer ist, der auf der Flucht ist. Wir können unser Leben mit dem Armen teilen, weil er uns hinweist auf das Arme und Bedürftige in uns selber. Die Erfahrung der Einheit ermöglicht es uns, unser Leben miteinander zu teilen. Das meint also nicht einen moralischen Appell, dass wir das Leben teilen müssen. Teilen geschieht einfach – aus der Erfahrung des Einsseins heraus.

Jesus blickte auf und sah, wie die Reichen ihre Gaben in den Opferkasten legten. Dabei sah er auch eine arme Witwe, die zwei kleine Münzen hineinwarf. Da sagte er: Wahrhaftig, ich sage euch: Diese arme Witwe hat mehr hineingeworfen als alle anderen. Denn sie alle haben nur etwas von ihrem Überfluss geopfert; diese Frau aber, die kaum das Nötigste zum Leben hat, sie hat ihren ganzen Lebensunterhalt hergegeben. (Lk 21,1–4)

Gott wird sorgen

Es wäre zu wenig, diese Stelle nur auf die Art des Spendengebens hin auszulegen. Es ist auch heute noch so, dass arme Leute oft prozentual mehr von dem spenden, was sie haben, als Reiche, die nur von ihrem Überfluss etwas hergeben. Doch wenn wir die Worte Jesu dazu benutzen wollen, die Menschen zu ermahnen, sie sollten nicht nur vom Überfluss geben, sondern von ihrer Substanz, dann würden wir Jesus als Werbemaßnahme missbrauchen. Und wir würden wahr machen, was Jesus den Pharisäern vorwirft: „Sie bringen die Witwen um ihre Häuser" (Lk 20,47). Jesus will die arme Witwe wegen ihres Vertrauens loben, weil sie ihr ganzes Vertrauen auf Gott gesetzt hat. Sie vertraute darauf, dass Gott für sie sorgen werde.

Lebe mit ganzem Herzen

Im Griechischen heißt es: Sie gab ihr ganzes Leben (*bios*) hin. Daher ist diese Stelle offen für uns. Es geht darum, dass wir unser Herz, unser Leben hingeben. Wer sich für die Menschen oder für eine Sache einsetzt, wer sein ganzes Herz in seine Arbeit und in sein Engagement hineingibt, der wird reich belohnt. Er gibt nicht, damit er etwas bekommt. Er gibt, weil er ein großes Herz hat, weil er sein Herz für die Menschen geöffnet hat. Er gibt mit Leidenschaft. Ich erlebe heute viele Menschen, die alles berechnen: Lohnt es sich, sich für andere einzusetzen? Was habe ich davon, wenn ich mich in der Firma oder im Verein engagiere, mich für die anderen einsetze? Solche Menschen, die alles berechnen, gehen leer aus. Die Witwe rechnet nicht. Sie gibt, weil sie den Tempel liebt, weil sie Gott liebt, weil sie für Gott etwas tun will. Wer sich vorbehaltlos einsetzt und sein Herz hingibt an das, was er tut, der wird schon im Tun Glück erfahren. Er setzt sich nicht ein, um glücklich zu sein. Er setzt sich ein, weil er ein weites Herz hat. Aber das, was er vorbehaltlos und ohne Nebenabsichten gibt, das wird auch wieder auf ihn zurückkommen und ihn innerlich erfüllen.

Jesu Frage an uns

So will uns Jesus mit seinen Worten die Frage stellen: Gibst du, damit du etwas bekommst? Setzt du dich für andere ein, um anerkannt zu werden? Oder gibst du wirklich selbstlos? Fragst du nicht, ob dein Tun gesehen wird oder nicht? Was würde es für dich bedeuten: das zu geben, was dir wesentlich ist? Jesus meint dabei nicht nur das, was wir anderen Menschen geben, sondern das, was wir Gott geben. Gibst du Gott etwas Zeit, wenn du betest? Oder gibst du dich im Gebet selbst Gott hin? Übergibst du Gott dein Leben? Und was würde das bedeuten: Ich übergebe Gott mein Leben, ich stelle mich Gott zur Verfügung?

Licht und Finsternis

Niemand zündet ein Licht an und stellt es in einen versteckten Winkel oder stülpt ein Gefäß darüber, sondern man stellt es auf einen Leuchter, damit alle, die eintreten, es leuchten sehen. Dein Auge gibt dem Körper Licht. Wenn dein Auge gesund (haplous = einfach, klar) ist, dann wird auch dein ganzer Körper hell sein. Wenn es aber krank (poneros = böse, schlecht) ist, dann wird dein Körper finster sein. Achte also darauf, dass in dir statt Licht nicht Finsternis ist. Wenn dein ganzer Körper von Licht erfüllt und nichts Finsteres in ihm ist, dann wird er so hell sein, wie wenn die Lampe dich mit ihrem Schein beleuchtet. (Lk 11,33–36)

Unser Sehen mit dem Schauen Jesu verbinden

Das erste Wort Jesu vom Licht, das wir nicht unter den Scheffel bzw. in einen versteckten Winkel stellen sollen, hat uns auch Matthäus überliefert. Doch Matthäus deutet dieses Wort Jesu auf unser Tun hin: Unser Licht leuchtet in den guten Werken in die Welt hinein. Lukas deutet das gleiche Wort Jesu auf unser Sein hin: Wir selbst sind Licht, wenn wir eine lichte Ausstrahlung haben. Man könnte sagen: Matthäus deutet das Wort moralisch, Lukas dagegen mystisch. Lukas geht von der Idee Platons aus, dass das Auge eine Leuchte ist, die Licht ausstrahlt auf die Menschen. Doch nur wenn das Licht des Auges sich mit dem Strahlen der Sonne verbindet, kann der Mensch richtig sehen. Lukas deutet das auf Jesus hin: Nur wenn wir unser Schauen mit dem Schauen Jesu verbinden, können wir die Menschen richtig sehen.

Das einfache Auge

Jesus spricht vom einfachen Auge. Es ist das Auge, das ohne Nebenabsichten auf den anderen schaut. Oft genug ist unser Auge jedoch böse, es ist gierig, es will den anderen besitzen, analysieren, durchdringen, vereinnahmen. Manche Augen sind uns unangenehm. Sie flackern, sind unruhig, wir spüren etwas Böses, Gieriges darin. Unser Auge wird nur einfach sein und in die Welt hinein leuchten, wenn wir ohne Absicht auf den anderen schauen, wenn wir den anderen einfach sein lassen, ohne ihn zu bewerten, ohne ihn für uns zu besitzen. Die Bedingung dafür, dass unser Auge Licht wird, ist, dass wir alles in uns vom Licht Christi erleuchten lassen. Wenn wir ein so helles, einfaches, klares Auge haben, dann bekommt unser ganzer Leib eine helle Ausstrahlung. Wir kennen Menschen, die eine dunkle oder unangenehme Ausstrahlung haben. Wir halten uns von ihnen fern. Und es gibt Menschen mit einer guten, hellen und klaren Ausstrahlung. In ihrer Nähe fühlen wir uns wohl. Lukas meint: Nicht allein durch unser Tun, sondern durch unser Sein, durch unsere Ausstrahlung dürfen wir Licht sein für andere. Aber es verlangt von uns, dass wir all das Dunkle, das auch in uns immer wieder auftaucht, in das Licht Christi halten, damit es erhellt wird. Dann wird unser Leib „so hell sein, wie wenn die Lampe dich mit ihrem Schein beleuchtet“ (Lk 11,36).

Leben in neuem Licht

Wir verkündigen nicht uns selbst, sondern Jesus Christus als den Herrn, uns aber als eure Knechte um Jesu willen. Denn Gott, der sprach: Aus Finsternis soll Licht aufleuchten!, er ist in unseren Herzen aufgeleuchtet, damit wir erleuchtet werden zur Erkenntnis des göttlichen Glanzes auf dem Antlitz Christi. (2 Kor 4,5f)

Tiefer sehen: eine neue Selbsterfahrung

Paulus spricht hier in der Sprache der Mystik von seiner Bekehrung. Als er nach Damaskus zog, um die Christen zu verfolgen, „geschah es, dass ihn plötzlich ein Licht vom Himmel umstrahlte" (Apg 9,3). Wenn ein Mensch sich bekehrt, so ist es wie am Schöpfungsmorgen, als Gott sprach: „Es werde Licht. Und es wurde Licht. Gott sah, dass das Licht gut war. Gott schied das Licht von der Finsternis" (Gen 1,3f). Bekehrung ist also eine Neuschöpfung durch Gott. Das gilt nicht nur für die Bekehrung des Paulus, sondern auch für die Bekehrung jedes Menschen. Paulus spricht hier in der Wir-Form. Er meint damit alle Christen, an die er schreibt. Licht bedeutet immer Erhellung des eigenen Daseins. Und es bedeutet, dass ich den Sinn meines Lebens erkenne und tiefer sehe als die vielen Menschen, die nur auf die Oberfläche der Dinge schauen. Und Licht bedeutet eine neue Selbsterfahrung. Ich erfahre mich nicht mehr als dunkel. Manche Menschen haben Angst, in sich hineinzuschauen. Sie haben ein negatives Selbstbild. In ihrem Inneren – so meinen sie – stoßen sie nur auf Chaos und Finsternis. Doch wer Christus begegnet ist wie Paulus vor Damaskus, der ist ganz und gar Licht geworden. Er kann sich selbst annehmen, wie er ist. Denn es gibt nichts in ihm, das nicht vom Licht erleuchtet ist.

Das Licht weitertragen

Diese wunderbare Erfahrung vom Erleuchtetwerden durch Gott in der Bekehrung sollen wir aber auch weitertragen in diese Welt. Wir sollen den Menschen so von Christus erzählen, dass sie den göttlichen Glanz auf seinem Antlitz erkennen und durch diesen Glanz selbst erleuchtet werden. Die missionarische Predigt des Paulus und unser missionarisches Wirken hat nicht das Ziel, möglichst viele Menschen für die Kirche zu gewinnen, sondern vielen Menschen einen Weg zur Erleuchtung aufzuzeigen. Erleuchtet zu werden, das ist die Sehnsucht vieler Menschen und auch vieler Religionen. Wir sollen so von Christus sprechen, dass wir die Sehnsucht der Menschen nach Erleuchtung berühren und ihre Augen öffnen, damit sie in Christi Antlitz den göttlichen Glanz erkennen, der auch auf ihrem Antlitz aufstrahlen möchte.

Andere teilhaben lassen

Die frühen Christen nannten die Taufe „photismos“ = „Erleuchtung“. Es war für sie eine entscheidende Erfahrung. Sie wurden hineingenommen in ein Licht, das alles in ihnen erleuchtet. Taufe war für die frühen Christen eine mystische Erfahrung. Und es täte uns gut, wenn wir uns an das Geheimnis der Taufe erinnern. Als Kinder haben wir sie nicht wirklich miterlebt. Aber wir können unser Christsein meditieren und werden dann erkennen, dass Erleuchtung wesentlich zu unserem christlichen Weg gehört. Die frühen Mönche sahen als Ziel des christlichen Lebens an, das innere Licht in sich zu entdecken. Aus diesem inneren Licht heraus können wir anders leben. Das innere Licht erhellt auch unsere äußeren Schritte. Und es möchte durch uns hindurchdringen, damit auch andere an diesem Licht teilhaben.

Ein Impuls für uns

Die Erfahrung des Paulus könnte für uns ein Impuls sein: Halte inne und schaue in dich hinein. Stelle dir vor, dass Gott bei allem Dunklen, das du in dir vorfindest, spricht: Es werde Licht! Und stelle dir vor, dass du nicht festgelegt bist auf deine Vergangenheit. Gott kann alles in dir neu erschaffen, erneuern. Wenn du diese Worte meditierst, dann frage dich: Wie erfahre ich mich jetzt? Kann ich glauben, dass alles in mir Licht ist, dass ich nicht festgelegt bin durch das, was in der Vergangenheit schiefgelaufen ist? Dann gehe mit diesem Gefühl von Lichtsein zu den Menschen. Du brauchst dich nicht zu beweisen, du musst ihnen nicht vorweisen, dass du Licht bist. Du bist Licht geworden. Das gibt deinen Begegnungen mit Menschen eine neue Leichtigkeit und Heiterkeit.

Voll Eifer, das Gute zu tun

Die Gnade Gottes ist erschienen, um alle Menschen zu retten. Sie erzieht uns dazu, uns von der Gottlosigkeit und den irdischen Begierden loszusagen und besonnen, gerecht und fromm in dieser Welt zu leben, während wir auf die selige Erfüllung unserer Hoffnung warten: auf das Erscheinen der Herrlichkeit unseres großen Gottes und Retters Christus Jesus. Er hat sich für uns hingegeben, um uns von aller Schuld zu erlösen und sich ein reines Volk zu schaffen, das ihm als sein besonderes Eigentum gehört und voll Eifer danach strebt, das Gute zu tun. (Tit 2,11–14)

Ganz auf Gott bezogen

Der Titusbrief beschreibt die Erlösung mit Begriffen und Bildern aus der hellenistischen Welt. Da ist einmal das Bild des Erscheinens. Die Erscheinung (Epiphanie) wird oft mit dem Kaiser in Verbindung gebracht. Wenn der Kaiser erscheint, dann gibt es besondere Geschenke für die Stadt, die er besucht. Der Titusbrief sagt, dass die Gnade Gottes erschienen ist. Sie gilt nicht nur einer Stadt, sondern allen Menschen. Jesus ist gekommen, um alle Menschen zu retten und zu heilen. Und die Gnade Gottes ist erschienen, um uns zu erziehen. Auch die Erziehung (*paideia*) ist ein beliebtes Bild bei den Griechen. Jesus ist der eigentliche Erzieher. Er erzieht uns, uns von der Gottlosigkeit loszusagen und besonnen, gerecht und fromm in dieser Welt zu leben. Die Erlösung durch Christus ermöglicht uns ein Leben, das dem Ideal der griechischen Philosophen entspricht: Die Besonnenheit bezieht sich auf den Willen Gottes. Sie weiß darum, was

Gott von uns will, und berücksichtigt es bei allem Denken und Handeln. Die Gerechtigkeit entspricht dem griechischen Ideal des gerechten Menschen, der seinem eigenen Wesen und der Würde der anderen Menschen gerecht wird. Und die Frömmigkeit ehrt Gott und weiß darum, dass der Mensch in seinem Wesen ganz und gar auf Gott bezogen ist.

Selige Erfüllung Erlösung vollzieht sich für den Titusbrief in einem Leben, das ganz und gar auf Gott ausgerichtet ist. Dieses Ausgerichtetsein auf Gott zeigt sich in der Hoffnung auf die selige Erfüllung, wenn die Herrlichkeit Jesu Christi, unseres Gottes, sichtbar erscheint. Wir leben also auf ein Ziel zu, das all unsere Sehnsucht nach einem seligen, glücklichen Leben erfüllen wird, wenn Christus in seiner Herrlichkeit für uns alle erscheint. Jetzt leben wir als „reines Volk", das Gottes „besonderes Eigentum" ist, weil Christus sich für uns hingegeben hat. Weil Christus sich für uns hingegeben hat, sollen wir „voll Eifer danach streben, das Gute zu tun". Wir sollen immer wieder neu in die „Schule" Jesu gehen, uns von ihm „erziehen" lassen, damit wir so zu leben vermögen, wie es unserem wahren Wesen entspricht.

Neues wagen

Also schätzen wir von jetzt an niemand mehr nur nach menschlichen Maßstäben ein; auch wenn wir früher Christus nach menschlichen Maßstäben eingeschätzt haben, jetzt schätzen wir ihn nicht mehr so ein. Wenn also jemand in Christus ist, dann ist er eine neue Schöpfung: Das Alte ist vergangen, Neues ist geworden. (2 Kor 5,16–17)

Trau dem Neuen in dir

Die frühen Mönche haben dieses Wort aus dem 2. Korintherbrief geliebt. Der Wüstenvater Evagrius Ponticus etwa empfiehlt Menschen, die das Gefühl haben, durch eine krank machende Erziehung behindert worden zu sein, diesen Satz immer wieder hineinzusprechen in die eigene Selbstentwertung: „Ist einer in Christus, ist er eine neue Schöpfung. Das Alte ist vergangen, Neues ist geworden." Wir denken, das sind nur Worte, die keine tiefe Verletzung zu heilen vermögen. Aber wenn wir das Wort des Paulus ernst nehmen, dann können wir mitten in den Verletzungen unserer Lebensgeschichte auch das Neue in uns entdecken, das durch Christus in uns ist. In uns ist Christus. Und dort, wo Christus in uns ist, sind wir neu geschaffen worden. Da hat das Alte keine Macht mehr über uns. Wir sind nicht festgelegt durch die Vergangenheit. Christus eröffnet in uns eine neue Zukunft. Indem ich mir den Satz immer wieder vorsage, erkenne ich, dass in mir auch Neues ist, etwas, das von Gott kommt und nicht von den Menschen. Wenn ich diesem Neuen in mir traue, verliert das Vergangene an Macht.

Auch andere neu sehen

Aber die Erfahrung der Neuheit, die wir in Christus erfahren, soll auch dazu führen, das Neue in den Menschen zu erkennen, mit denen wir umgehen. Paulus hat früher Christus nach irdischen Maßstäben eingeschätzt. Er hat ihn abgelehnt, weil er das jüdische Gesetz nicht ernst genug genommen hat. Aber nachdem Paulus Christus begegnet ist, erkennt er ihn in seinem Wesen. Und die Erkenntnis Jesu führt ihn nun dazu, auch die Menschen um ihn herum nicht mehr nach seinen eigenen Maßstäben zu beurteilen, sondern sie mit den Augen des Glaubens anzuschauen. Und im Glauben erkennt Paulus – und sollten auch wir erkennen – dass auch in jedem Christen etwas Neues geworden ist, dass jeder Mensch Christus in sich trägt. Der hl. Benedikt hat das ernst genommen. Er fordert von seinen Mönchen, dass sie in jedem Bruder und in jeder Schwester Christus sehen, sie also mit neuen Augen anschauen, um das Neue, das durch Christus in ihnen geworden ist, zu erkennen und zu würdigen.

Ein hilfreiches Wort

Wenn du dich bedrückt fühlst, wenn depressive Gefühle in dir auftauchen, die dich runterziehen, dann sage dir das Wort vor: „Ist einer in Christus, ist er eine neue Schöpfung." Das Wort vertreibt die Depression nicht. Aber es relativiert sie. In dir ist nicht nur diese Traurigkeit, in dir ist auch etwas Neues. Trau dem Neuen, Unverfälschten, Ursprünglichen in dir. Dann wird die Meditation dieses Wortes dir ein ähnliches Gefühl geben, wie du es vielleicht nach einer erfrischenden Dusche erfährst. Du fühlst dich wie neugeboren und kannst dann auch die anderen Menschen mit Augen anschauen, die nicht festlegen, sondern auch den anderen zutrauen, dass in ihnen etwas Neues und Ursprüngliches ist und dass es durch deinen verwandelten Blick in ihnen wachsen kann.

Eine neue Würde, eine neue Haltung

Alles, was für unser Leben und unsere Frömmigkeit gut ist, hat seine göttliche Macht uns geschenkt; sie hat uns den erkennen lassen, der uns durch seine Herrlichkeit und Kraft berufen hat. Durch sie wurden uns die kostbaren und überaus großen Verheißungen geschenkt, damit ihr der verderblichen Begierde, die in der Welt herrscht, entflieht und an der göttlichen Natur Anteil erhaltet. Darum setzt allen Eifer daran, mit eurem Glauben die Tugend zu verbinden, mit der Tugend die Erkenntnis, mit der Erkenntnis die Selbstbeherrschung, mit der Selbstbeherrschung die Ausdauer, mit der Ausdauer die Frömmigkeit, mit der Frömmigkeit die Brüderlichkeit und mit der Brüderlichkeit die Liebe. (2 Petr, 1,3–7)

Wir sind mit göttlichem Leben erfüllt

Der 2. Petrusbrief ist die späteste Schrift des Neuen Testamentes, vermutlich erst um das Jahr 120 geschrieben. Der Verfasser benutzt viele Begriffe der hellenistischen Philosophie und Spiritualität. Er möchte also die christliche Botschaft den Menschen verkünden, die damals konfrontiert waren mit Einflüssen aus der von Griechenland geprägten Geisteswelt. Er spricht hier die Sehnsucht der Menschen an, aus einer verdorbenen und hinfälligen Welt hinauszukommen und teilzuhaben an der göttlichen Natur. Dieser Begriff „göttliche Natur“ kommt nur hier vor und meint: Wir haben durch Christus Anteil an der göttlichen Natur bekommen. Die Menschen erfuhren damals die Welt als verdorben, verkommen und verderblich: etwas, was hinfällig ist und keinen Bestand hat. Da war es eine tiefe Sehnsucht, aus ihr auszusteigen. Die Botschaft des Petrusbriefes ist nun: Die göttliche Natur gibt unserem Leben neue Würde. Der Tod hat keine Macht mehr über uns. Denn das göttliche Leben, an dem wir jetzt schon in Christus Anteil haben, wird auch durch den Tod nicht vernichtet werden. Die frühen Kirchenväter haben diesen Gedanken immer wieder aufgegriffen. Irenäus hat ihn so formuliert: „Gott wurde Mensch, damit der Mensch Gott werde." Natürlich sieht der Brief – und mit ihm die Kirchenväter – den Unterschied zwischen Gott und Mensch. Wir werden nicht vergottet, sondern mit göttlichem Leben erfüllt.

Eine neue Haltung: Tugenden des weisen Menschen

Aber dieses göttliche Leben muss sich dann auch in einer neuen Haltung ausdrücken. Und um diese neue Haltung zu beschreiben, greift der 2. Petrusbrief auf den Tugendkatalog zurück, wie er damals in der stoischen Philosophie, aber auch insgesamt in der hellenistischen Welt als Bild des weisen Menschen verkündet wurde. Der Christ soll sich dabei durchaus anstrengen, diese Tugenden zu erwerben. Da ist die Erkenntnis. „Gnosis" war die Sehnsucht der damaligen Welt. Man wollte tiefer sehen, den Dingen auf den Grund sehen. Dazu kommen Selbstbeherrschung und Standfestigkeit, Frömmigkeit und geschwisterliche Liebe und dann die Liebe als die Grundtugend schlechthin. Als Christen können wir nicht angeben, dass wir durch die Teilhabe am göttlichen Leben besser sind als die anderen Menschen. Vielmehr ist das göttliche Leben in uns eine Verpflichtung, auch das Leben in dieser Welt von den Maßstäben Gottes und vom Geist Jesu her zu gestalten. Und diese Gestaltung drückt sich in Tugenden aus, die uns verbinden mit allen reifen und weisen Menschen in der Welt.

Fragen, vor die wir gestellt sind

Die Worte des 2. Petrusbriefes stellen uns vor die Frage, ob wir unsere Frömmigkeit nur als narzisstisches Kreisen um uns selbst verstehen und uns unserer göttlichen Natur rühmen – oder ob sich dieses göttliche Leben auch in unserem Verhalten ausdrückt. So ist der Tugendkatalog eine Gewissenserforschung für uns: Beherrsche ich mich selbst, wenn mich jemand verletzt? Habe ich Ausdauer auf meinem spirituellen Weg, aber auch bei der Lösung alltäglicher Konflikte? Ist mein Leben von Brüderlichkeit geprägt? Oder sehe ich nur auf meinen eigenen Vorteil? Schaffe ich Verbindung zu den Menschen, baue ich Brücken – oder lebe ich für mich allein? Und geht von mir Liebe aus oder Abweisung?

Ohne Angst und unermüdlich

Darum werden wir nicht müde; wenn auch unser äußerer Mensch aufgerieben wird, der innere wird Tag für Tag erneuert. Denn die kleine Last unserer gegenwärtigen Not schafft uns in maßlosem Übermaß ein ewiges Gewicht an Herrlichkeit, uns, die wir nicht auf das Sichtbare starren, sondern nach dem Unsichtbaren ausblicken; denn das Sichtbare ist vergänglich, das Unsichtbare ist ewig. (2 Kor 4,16–18)

Im Inneren sind wir eins mit Gott

Vom inneren und äußeren Menschen spricht schon Platon. Für Platon ist der Leib der äußere Mensch, die Seele der innere Mensch. Doch Paulus bezieht sich zwar auf die platonische Philosophie, wie sie im Hellenismus weit verbreitet war. Aber er deutet die Spannung von innerem und äußerem Menschen anders. Es ist immer der ganze Mensch, der aufgerieben und erneuert wird. Der äußere Mensch bezieht sich auf die Leiden, die Paulus erfährt und die wir Christen immer wieder schmerzlich erleben. Der äußere Mensch, das ist unsere Gesundheit, unsere Kraft, das Auftreten nach außen, der Erfolg. Doch der innere Mensch wird erneuert. Indem das Äußere aufgerieben wird, schafft Gott in uns eine neue Qualität des Menschseins. Im Inneren fühlen wir uns eins mit Gott. Im Innere erfahren wir die Gemeinschaft mit Jesus Christus. Diese Sichtweise nimmt dem Paulus die Angst vor den Bedrängnissen dieser Welt, auch die Angst vor dem Tod. Denn er erfährt: Je mehr er äußerlich aufgerieben wird, je mehr er Widerstand von seinen Gegnern erfährt, je mehr er geschmäht wird, desto mehr wendet er sich nach innen. Dort erfährt er die Herrlichkeit Jesu in sich. Dort erkennt er das Unsichtbare, das ihm kein Mensch nehmen kann.

Komm in Berührung mit dem inneren Selbst

Das Unsichtbare ist nicht einfach die Seele. Es ist die innere Erfahrung Jesu Christi auf dem Grund der Seele. Und diese Erfahrung kann ihm niemand nehmen. Sie ist unvergänglich, während das Sichtbare vergänglich ist. Dieses Wissen um das Unsichtbare auf dem Grund seiner Seele, um die Gegenwart Christi in seinem Inneren, nimmt ihm alle Angst vor den Bedrängnissen. Auch der Tod kann dieses Unsichtbare – die Erfahrung der Gemeinschaft mit Christus – nicht zerstören. Diese Erfahrung des Paulus möchte uns Christen ermutigen, ohne Angst auf das zu schauen, was uns von außen aufreibt. Wir sollen uns das Leid nicht suchen. Aber wenn es uns trifft, dann wissen wir: Es kann uns nicht zerstören. Es will nur das Äußere in uns aufreiben, damit wir mehr und mehr mit dem inneren Menschen in uns in Berührung kommen, mit dem inneren Selbst, in dem wir eins sind mit Christus.

Die Frage ist: Wie können wir uns hier schon auf diesen Erfahrungsweg machen?

Wenn ich krank werde, kann ich mich darüber ärgern und möglichst viele Medikamente schlucken, damit ich möglichst schnell wieder gesund werde. Oder aber ich kann mir die Worte des Paulus bewusst vor Augen halten: Mein äußerer Mensch wird aufgerieben. Das gilt nicht nur für meinen Leib. Vielmehr wird auch mein eigenes Selbstbild aufgerieben, dass ich gut und maßvoll lebe, dass ich eine gesunde Spiritualität habe und psychologisch ehrlich mit mir umgehe. All das, was ich als äußeres Bild von mir habe, wird aufgerieben. Und es ist gut, das Äußere aufreiben zu lassen, damit ich mit dem Inneren in mir in Berührung komme. Was ist das Innere? Es ist mein wahres Selbst. Wer bin ich, wenn ich krank bin? Wer bin ich, dem dieser Unfall passiert ist? Wer bin ich, der sich da vor anderen blamiert hat?

Glaube, der die Freiheit schenkt

Der Herr aber ist der Geist, und wo der Geist des Herrn wirkt, da ist Freiheit. Wir alle spiegeln mit enthülltem Angesicht die Herrlichkeit des Herrn wider und werden so in sein eigenes Bild verwandelt, von Herrlichkeit zu Herrlichkeit, durch den Geist des Herrn. (2 Kor 3,17f)

Die Botschaft der Verwandlung

Es ist eine erstaunliche Aussage: Wo der Geist des Herrn wirkt, da ist Freiheit. Die Freiheit gehört wesentlich zum Glauben an Jesus Christus. Immer wenn wir uns selbst mit selbstauferlegten Geboten in die Enge führen, widersprechen wir dem Geist des Herrn. Christus ist dort in uns, wo wir uns frei fühlen, frei von den Erwartungen der Menschen, frei auch von den eigenen inneren Antreibern, die uns ständig antreiben, besser und stärker zu sein, als wir es in Wirklichkeit sind.

Und dann bringt Paulus einen eigenartigen mystischen Text. Es geht ihm um Verwandlung. Verwandlung – Metamorphose – war für die Griechen ein wichtiges Thema. Es ist ein uraltes und gleichzeitig ein auch heute wirksames Motiv: Ovid hat ein Buch über Metamorphosen geschrieben. Und bis heute wollen sich viele Menschen verändern. Aber im Verändern steckt etwas Aggressives: Ich muss ein anderer Mensch werden. Die christliche Botschaft ist die der Verwandlung. Sie heißt, dass ich alles würdige, was ich bin. Aber ich bin noch nicht der oder die, die ich von meinem Wesen her sein könnte.

Du kannst zum Spiegel Gottes werden

Die Verwandlung, von der Paulus uns schreibt, geschieht durch das Schauen. Das war eine Ursehnsucht vieler Mysterienkulte. Sie erhofften sich Verwandlung ihrer menschlichen Existenz, wenn sie ein Götterbild anschauten oder wenn sie in einen Zauberspiegel sahen. Paulus greift dieses Bild auf. Wir schauen auf den klaren und reinen Spiegel, auf Jesus Christus. In ihm spiegelt sich uns Gottes Herrlichkeit auf einmalige Weise. Indem wir auf Christus schauen, werden wir in sein Bild verwandelt, seine Herrlichkeit durchdringt uns. Das ist eine wunderbare Verheißung, die Paulus den Christen schreibt. Wir können die mystische Erfahrung des Einswerdens mit dem Bild Christi nicht erzwingen. Aber wenn wir auf Christus schauen, den reinen Spiegel Gottes, das klare Ebenbild Gottes, haben wir teil an seinem Bild. Und wir dürfen vertrauen, dass die Herrlichkeit, die in Christi Antlitz aufleuchtet, auch uns durchdringt und alles in uns verwandelt. Paulus appelliert hier nicht an uns, dass wir Christus nachahmen sollen durch unser Tun. Er beschreibt vielmehr die mystische Erfahrung Jesu, die Gott uns Christen schenken möchte. Es ist die Erfahrung, dass alles in uns – auch das Chaotische und Dunkle – von der Herrlichkeit und Schönheit Gottes durchdrungen und verwandelt wird. Das hat dann auch praktische Konsequenzen. Denn dann werden wir selbst zum Spiegel, in dem die Menschen um uns herum etwas von Gottes Licht erkennen können. „Wir alle spiegeln mit enthülltem Angesicht die Herrlichkeit des Herrn wider" (2 Kor 3,18). Auf diese Weise wird unser Sprechen von Christus authentisch, und so wird es auf die Menschen um uns herum anziehend wirken.

Handeln nach dem Wort Jesu

Hört das Wort nicht nur an, sondern handelt danach; sonst betrügt ihr euch selbst. Wer das Wort nur hört, aber nicht danach handelt, ist wie ein Mensch, der sein eigenes Gesicht im Spiegel betrachtet: Er betrachtet sich, geht weg, und schon hat er vergessen, wie er aussah. Wer sich aber in das vollkommene Gesetz der Freiheit vertieft und an ihm festhält, wer es nicht nur hört, um es wieder zu vergessen, sondern danach handelt, der wird durch sein Tun selig sein. (Jak 1,22–25)

Das Wort muss Auswirkungen haben

Jakobus unterscheidet zwischen einem Hörer und einem Täter des Wortes. Das Wort meint die Botschaft Jesu. Es ist ein Wort, das uns befreien möchte. Und es ist das Wort, das uns zur Liebe aufruft. Bei wem das Wort keine Auswirkungen hat, der betrügt sich selbst. Jakobus bringt dafür ein interessantes Bild. Wer das Wort nur hört, ohne es zu verwirklichen, der gleicht einem Mann, der sich selbst im Spiegel anschaut, dann aber vergisst, wie er aussieht. Man könnte sagen: Das Hören des Wortes hat ihn nicht verwandelt. Es hat ihn nicht mit sich selbst in Beziehung gebracht. Und dann führt Jakobus das Bild weiter: „Wer sich aber in das vollkommene Gesetz der Freiheit vertieft und an ihm festhält … wer danach handelt, der wird durch sein Tun glücklich sein.“ Das vollkommene Gesetz der Freiheit spielt auf das jüdische Gesetz an. Die Israeliten haben die Weisungen Gottes, der sein Volk aus Ägypten herausgeführt hat, als Weg in die Freiheit verstanden.

Ein Weg in die vollkommene Freiheit

Jakobus meint aber mit dem vollkommenen Gesetz der Freiheit das Wort der Liebe, das uns Jesus gepredigt und in dem er das Gesetz des Alten Testamentes auf das Wesentliche hin fokussiert hat. Das Wort der Liebe führt uns also in die vollkommene Freiheit. Das Bild der „Vollkommenheit" ist für Jakobus wichtig. Es geht ihm um den vollkommenen Glauben, der zur liebenden Hingabe führt und zum Auflösen der Grenzen zwischen arm und reich. Wer diesen Weg des vollkommenen Glaubens und der sich hingebenden Liebe tatkräftig geht, der wird selig. Im Griechischen steht hier das Wort „makarios". Es bedeutet „glücklich". Und *makarios* wird von den Griechen für das Glück der Götter reserviert. Wer also das göttliche Gesetz der Liebe erfüllt, das uns Jesus zeigt, der hat teil am Glück der Götter auf dem Olymp, der wird wahrhaft frei – wie es die Griechen von ihren Göttern geglaubt haben –, aber er wird sich von den griechischen Göttern dadurch unterscheiden, dass er voller Liebe ist. Für Jakobus ist klar: Die Erfahrung der neuen Freiheit muss immer auch zu einem neuen Tun führen. Sonst macht man zwar eine schöne spirituelle Erfahrung. Aber weil sie keine Auswirkungen hat, vergisst man sie wieder, vergisst sich selbst und lebt weiter, als ob nichts gewesen wäre. Das Tun vertieft also nicht nur die spirituelle Erfahrung. Es ist auch ein Test, ob die spirituelle Erfahrung echt ist.

Die Liebe leben

Zum Ausklang

Die biblischen Texte, die wir meditiert haben, wollen uns zeigen, wer wir sind. Sie wollen uns aber auch zu einem neuen Verhalten anregen. Daher möchte ich zum Schluss noch zwei Texte betrachten, die diese Spannung zwischen Sein und Sollen, zwischen Zuspruch und Handeln gut zum Ausdruck bringen.

Im 1. Johannesbrief heißt es: „Seht, wie groß die Liebe ist, die der Vater uns geschenkt hat: Wir heißen Kinder Gottes, und wir sind es. Die Welt erkennt uns nicht, weil sie ihn nicht erkannt hat. Liebe Brüder, jetzt sind wir Kinder Gottes. Aber was wir sein werden, ist noch nicht offenbar geworden. Wir wissen, dass wir ihm ähnlich sein werden, wenn er offenbar wird; denn wir werden ihn sehen, wie er ist" (Joh 3,1f). Johannes ist fasziniert von dieser Zusage, dass wir Kinder Gottes sind, vertraut mit Gott als unserem Vater und unserer Mutter. Aber die Welt erkennt unser Geheimnis nicht. Wir können auch heute manchmal nicht verständlich machen, was das Wesen unserer christlichen Existenz ist. Wenn wir einem ungläubigen Nachbarn sagen, dass wir „Kinder Gottes" sind, wird er möglicherweise die Nase rümpfen und verständnislos fragen: „Na und. Was hast du davon? Was bringt das dir?" Und dennoch – so sagt der 1. Petrusbrief – sollen wir bereit sein, „jedem Rede und Antwort zu stehen, der nach der Hoffnung fragt, die euch erfüllt" (1 Petr 3,15). Wir stehen auch heute in dieser Spannung: auf der einen Seite den

Menschen zu erklären, was uns Hoffnung schenkt und woraus wir leben, und der Schwierigkeit, verständlich zu machen, was unsere christliche Erfahrung ist. Für den 1. Johannesbrief ist es jedenfalls eine wunderbare Erfahrung um unser Christsein. Johannes erwartet, dass das Geheimnis unserer christlichen Existenz auch für uns selber immer klarer wird. Es besteht für ihn darin, dass wir Christus immer ähnlicher werden und dass wir ihn schauen werden, wie er wirklich ist. Und wenn wir Christus schauen, wird uns auch das Geheimnis unserer eigenen Existenz aufgehen.

Die Bibeltexte, die wir meditiert haben, haben uns verschiedene Aspekte unseres Christseins aufgezeigt. Es ist gut, sich dessen immer wieder bewusst zu werden, wer wir eigentlich sind, und die Erneuerung unseres Lebens durch den Geist Jesu dankbar wahrzunehmen. Aber wir sollten uns dabei nicht über andere Menschen stellen. Wir können das Geschenk der Gnade nur annehmen, wenn wir zugleich um unsere menschliche Begrenztheit wissen, um unsere Fehler und Schwächen. Wir tragen – wie Paulus sagt – den Schatz unseres christlichen Seins in irdischen und brüchigen Gefäßen. Das verbietet Überheblichkeit und drängt uns zur Demut.

Der zweite Text, den ich betrachten möchte, bezieht sich auf unser Verhalten. Es ist das Wort, das Jesus zu dem Pharisäer sagt, der ihn danach gefragt hat, wie er das ewige Leben gewinnen kann. Jesus antwortet ihm zunächst mit dem Hinweis auf die göttlichen Gebote der Gottesliebe, der Nächstenliebe und der Selbstliebe. Daraufhin fragt der Pharisäer: „Wer ist mein Nächster?“ (Lk 10,29) Da erzählt Jesus das Beispiel vom barmherzigen Samariter, der an dem unter die Räuber gefallenen Menschen nicht vorübergeht wie der Priester und der Levit, sondern auf ihn zugeht, ihm seine Wunden verbindet und ihn auf sein Lasttier hebt, um ihn zur Herberge zu bringen. Nachdem er dieses Beispiel erzählt hat, fragt Jesus den Pharisäer: „Was meinst du: Wer von diesen dreien hat sich als der Nächste dessen erwiesen, der von den Räubern überfallen wurde? Der Gesetzeslehrer antwortete: Der, der barmherzig an ihm gehandelt hat. Da sagte Jesus zu ihm: Dann geh und handle genauso!“ (Lk 10,36f).

Für Jesus ist „der Nächste“ ein Beziehungsbegriff. Wir sollen den Nächsten nicht zum Objekt unserer Nächstenliebe machen. Vielmehr geht es darum, einander nahezukommen. Dann werden wir füreinander zum Nächsten, dann geschieht Nächstenliebe, das heißt: Die Liebe fließt hin und her. Jesus fordert den Pharisäer auf, dem er selber in seiner Unterweisung nahegekommen und der sein Nächster geworden ist: Es ist deine Aufgabe, dem Menschen zum Nächsten zu werden, den du verletzt am Wegrand liegen siehst, ihm nahezukommen. Wichtiger als die allgemeine Überlegung, wer nun mein Nächster ist oder wem ich nahekommen soll, ist daher die kurze, aber umso prägnantere konkrete Mahnung Jesu: „Dann geh und handle genauso!“ Viele Texte, die wir angeschaut haben, wollen uns dazu auffordern, nicht bei der Auslegung stehen zu bleiben, sondern ins Handeln zu kommen: Geh und handle genauso.

So möchte ich Ihnen, lieber Leser, liebe Leserin, am Schluss unserer Meditationen wünschen, dass Sie immer wieder neu das Geheimnis Ihrer christlichen Existenz dankbar erfahren dürfen und dass Sie zugleich bereit sind, auf das Wort Jesu hin, zu gehen und genauso zu handeln, wie er es uns aufgezeigt hat. Das neue Handeln wird Sie noch tiefer in die Erfahrung Ihrer christlichen Existenz und in die Erfahrung einer Liebe führen, die stärker ist als der Tod.